GÉNÉRATION A1

Méthode de français

GW00775886

LIVRE
+
CAHIER

LIVRE
DE L'ÉLÈVE

Marie-Noëlle COCTON
Coordination pédagogique

P. Dauda - L. Giachino - C. Baracco

didier
Français Langue Étrangère

Coordination pédagogique : Marie-Noëlle Cocton
Auteurs : P. Dauda et L. Giachino (livre), M. Caneschi, D.Cecchi et F. Tortelli (cahier), C. Baracco (culture), S. Brusati (atelier vidéo).

Édition : C. Mazzocchi (avec la collaboration d'I. Araldi), Les Mots Libres, G. Ballesteros Pretel
Révision pédagogique : S. Brusati
Relecture : C. Jolly et C. Varagnolo
Conception graphique de la couverture : J. Parreau
Maquette intérieure : EGG; Les Mots Libres
Adaptation de la maquette intérieure (pages « culture ») : J. Parreau
Mise en page : IGS-CP
Illustrations : E. Leso (Desio, MB)
Carte : GraphiOrge/GéoAtlas
Iconographe : Les Mots Libres, A. Galicher
Photogravure : IGS-CP

éditions didier s'engagent pour l'environnement en réduisant l'empreinte carbone de leurs livres. Celle de cet exemplaire est de :
900 g éq. CO₂ Rendez-vous sur www.editionsdidier-durable.fr

PAPIER À BASE DE FIBRES CERTIFIÉES

© 2015 by Zanichelli editore S.p.A.
© Les éditions Didier, Paris 2016 – ISBN : 978-2-278-08629-0
Achevé d'imprimer en mai 2017 par L.E.G.O. S.p.A. LAVIS (Italie) – Dépôt légal : 8629/03

Mode d'emploi

La méthode **Génération** est composée d'un ***livre de l'élève*** et d'un ***cahier d'activités***, tous deux inclus dans le ***manuel numérique.*** Elle se compose de 6 unités précédées d'une section initiale de « Bienvenue ».
La structure de chaque unité (identique dans le livre et le cahier) marque un véritable parcours d'apprentissage.

JE DÉCOUVRE

Dans cette première étape, les dialogues et autres documents vous feront découvrir des situations motivantes. Vous développerez votre **compétence de compréhension** orale et écrite.

Les encadrés ***L'info en +*** développent certains aspects de la civilisation francophone.

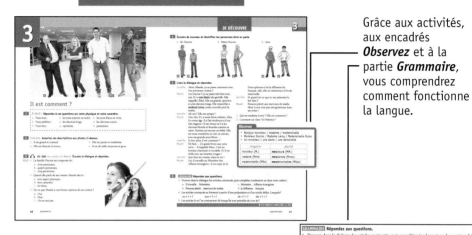

L'INFO EN +

En français, on utilise tu (informel) pour les amis, les enfants et la famille. Dans une situation moins intime, on utilise vous (formel) pour une personne âgée, un inconnu, un professeur.

Grâce aux activités, aux encadrés ***Observez*** et à la partie ***Grammaire***, vous comprendrez comment fonctionne la langue.

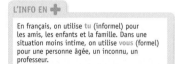

Stratégies de repérage des faits de langue importants.

JE MÉMORISE

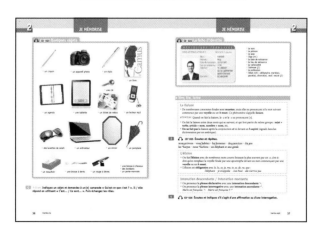

MOTS ET EXPRESSIONS
Les pages *Mots et expressions* permettent de revenir sur le lexique de l'unité et vous aident à le mémoriser grâce à des documents sonores, à des illustrations et à des activités de réemploi.

DIRE, LIRE, ÉCRIRE
La rubrique *Dire, lire, écrire* vous explique les règles phonétiques et vous permet de vous entraîner à la prononciation.

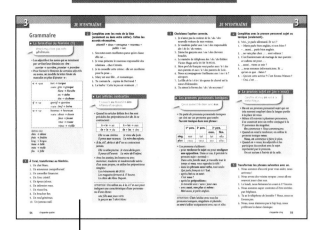

La rubrique *Je m'entraîne* présente les règles grammaticales de manière approfondie, avec des exemples, des tableaux récapitulatifs, et de nombreux exercices.

Maintenant vous êtes capable de mettre en pratique ce que vous avez appris.

En rappel, pour chaque acte de parole, un choix d'expressions utiles.

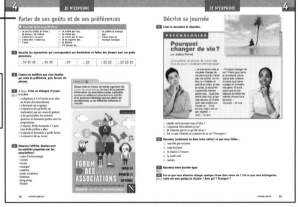

De nombreuses activités guidées vous aideront à vous exprimer oralement et par écrit, et à communiquer de plus en plus librement.

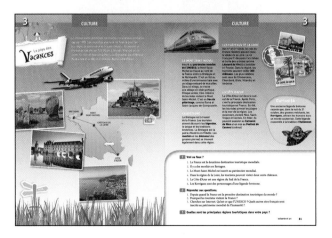

Toutes les deux unités, vous découvrirez des aspects de la société et de la culture des pays francophones avec cette double page.

Toutes les deux unités, un *atelier vidéo* propose une exploitation pédagogique des séquences vidéo qui se trouvent sur le DVD.

 Avec les épisodes de la vidéo, vous suivrez l'histoire d'Annette, Patricia, Nicolas et Léo, quatre amis de Lyon, et vous réviserez dans un contexte authentique le lexique et les actes de parole rencontrés dans les unités précédentes.

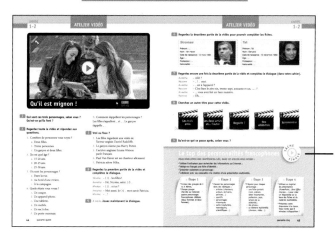

TÂCHE FINALE
En groupe, vous réaliserez une série d'activités débouchant sur un résultat pratique et vous développerez les compétences-clés.

À la fin du *Livre de l'élève*, une évaluation par compétences vous permettra de mesurer vos acquis.

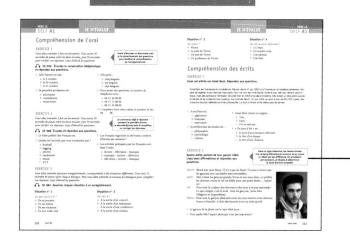

Stratégies pour l'examen.

Dans la partie *Annexes*, vous trouverez des tableaux récapitulatifs des règles de grammaire et de phonétique.

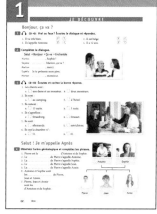

À chaque section du *Livre de l'élève* correspond une section du *Cahier* avec les activités à faire comme devoirs à la maison pour renforcer ce qui a été fait en classe.
Toutes les deux unités, la rubrique *Je m'évalue* propose des activités récapitulatives en autocorrection.
À la fin du *Cahier*, vous trouverez des tableaux de conjugaison.

---

 2 DELF Cette activité est utile pour la préparation à la certification DELF.

 CD•04 Les pistes audio en lien avec les activités d'écoute se trouvent sur le CD.

 VIDÉO Les films en lien avec la section *Atelier vidéo* se trouvent sur le DVD.

TABLEAU

Bienvenue !

- La France et la francophonie
- Un cours de franç

UNITÉ	JE DÉCOUVRE		JE MÉMORISE	
			LEXIQUE ET PHONÉTIQUE	
1	• Bonjour, ça va ? • Salut ! Je m'appelle Agnès	p. 16 p. 18	**MOTS ET EXPRESSIONS** • Les pays et les nationalités • Les animaux domestiques • Les jours de la semaine • Les mois de l'année • Les nombres de 0 à 69 • La famille (1)	p. 2
			DIRE, LIRE, ÉCRIRE • L'accent tonique • Les articles *un/une* et *le/les*	p. 2 p. 2
CULTURE La France physique et politique p. 28				
2	• Qui est-ce ? • Dans mon sac, j'ai...	p. 30 p. 32	**MOTS ET EXPRESSIONS** • Les professions • Quelques objets • La fiche d'identité	p. 3
			DIRE, LIRE, ÉCRIRE • La liaison • L'élision • Intonation descendante/montante	p. 3
ATELIER VIDÉO Qu'il est mignon ! p. 44				
3	• Il est comment ? • Allô ?	p. 46 p. 48	**MOTS ET EXPRESSIONS** • L'aspect physique • Le caractère • Les prépositions de lieu (1) • Les nombres à partir de 70	p. 5
			DIRE, LIRE, ÉCRIRE • Les sons [ə] / [e] / [ɛ]	p. 5
CULTURE Le pays des vacances p. 60				
4	• Les loisirs • La routine	p. 62 p. 64	**MOTS ET EXPRESSIONS** • Les loisirs • Les activités quotidiennes • Les matières • Le temps et l'heure • La fréquence	p. 6
			DIRE, LIRE, ÉCRIRE • Les sons [u] / [y]	p. 6
ATELIER VIDÉO C'est trop cool ! p. 76				

DES CONTENUS

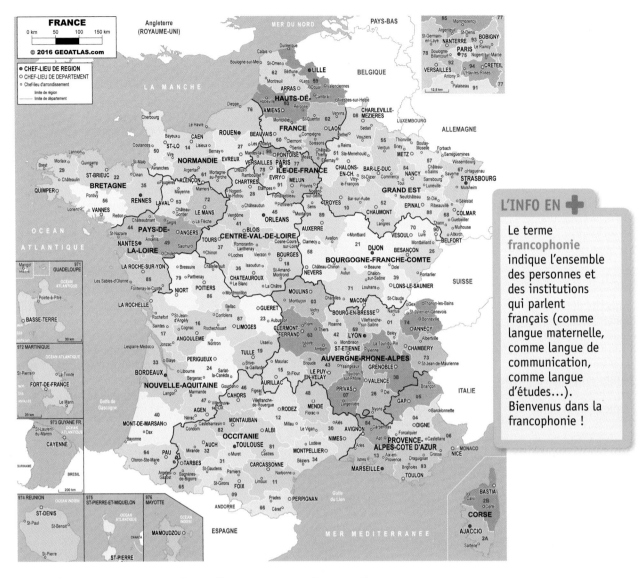

La France et la francophonie

1 **Répondez aux questions suivantes.**

1. **En dehors de la France, dans quels lieux parle-t-on français ?**

- **a.** L'Égypte
- **b.** Le Mexique
- **c.** Le Québec
- **d.** Le Sénégal
- **e.** Le Val d'Aoste
- **f.** L'Algérie
- **g.** La Belgique
- **h.** Le Maroc
- **i.** La Suisse
- **j.** Le Mali

Vous en connaissez d'autres ?

2. **Parmi ces spécialités, lesquelles sont françaises ?**

- **a.** Le camembert
- **b.** Les crêpes
- **c.** Le foie gras
- **d.** Le hamburger
- **e.** La paella
- **f.** Le sushi

Vous en connaissez d'autres ?

3. **Parmi ces personnages, lesquels sont français ?**

- **a.** Jeanne d'Arc
- **b.** Le Roi-Soleil
- **c.** Napoléon
- **d.** Picasso
- **e.** Vasco de Gama
- **f.** Edison
- **g.** Les frères Lumière
- **h.** Jules Verne

Vous en connaissez d'autres ?

4. **Parmi ces villes, lesquelles se trouvent en France ?**

- **a.** Bruxelles
- **b.** Lille
- **c.** Monte-Carlo
- **d.** Montréal
- **e.** Strasbourg
- **f.** Genève
- **g.** Montpellier
- **h.** Alger

Vous en connaissez d'autres ?

2 **Associez chaque lieu à la ville française correspondante.**

a. La Place du Capitole à Toulouse
b. Les murs peints à Lyon
c. Le port de Marseille
d. La Promenade des Anglais à Nice
e. L'Arc de Triomphe à Paris
f. Le Festival de Cannes

3 **Découvrez si vous êtes un expert en francophonie.**

 TEST

1. La France ressemble à...
a. un carré
b. un pentagone
c. un hexagone
d. un octogone

2. Quelles sont les trois langues officielles de la Belgique ?
a. L'anglais
b. Le français
c. L'allemand
d. Le néerlandais

3. Le coq est un animal. Il est le symbole de...
a. l'Algérie
b. la Belgique
c. la Côte d'Ivoire
d. la France

4. Le France compte...
a. environ 56 millions d'habitants
b. environ 60 millions d'habitants
c. environ 66 millions d'habitants
d. environ 70 millions d'habitants

5. Le français est une langue officielle au...
a. Japon
b. Portugal
c. Canada
d. Kenya

6. Quelles sont les îles françaises ?
a. La Guadeloupe
b. L'île Maurice
c. La Réunion
d. La Corse

7. Qui est le chef d'état canadien ?
a. Le président de la république canadienne
b. Le président de la république française
c. Le président des États-Unis
d. Le souverain britannique

8. « Un pour tous et tous pour un » est la devise...
a. du Cambodge
b. du Québec
c. du Luxembourg
d. de la Suisse

9. Le français est une langue officielle dans...
a. 9 pays   b. 19 pays
c. 29 pays   d. 39 pays

10. En Belgique, on utilise « septante » pour dire...
a. soixante
b. soixante-dix
c. quatre-vingts
d. quatre-vingt-dix

RÉSULTATS

9-10 réponses correctes : Bravo ! Vous êtes un vrai champion de la francophonie !
7-8 réponses correctes : Félicitations ! Vous êtes presque au sommet !
5-6 réponses correctes : Pas mal ! Vous êtes sur la bonne voie et vous pouvez vous améliorer !
0-4 réponses correctes : Pas terrible ! Mais ne vous découragez pas : bientôt, vous aussi vous serez un expert !

Un cours de français

4 Observez l'illustration et associez les mots au numéro correspondant.

la classe   la fenêtre   un livre   le professeur (le prof)   l'éponge (*f.*)

le bureau (du professeur)   un / une élève   la trousse   la chaise   le stylo   la gomme

la craie / un morceau de craie   la table   le crayon   l'ordinateur (*m.*)   le tableau noir

5 Dites quelles sont les expressions utilisées par l'enseignant (photo 1), les expressions utilisées par les élèves (photo 2) et les expressions utilisées par les deux (photo 3).

- Asseyez-vous !
- Cherchez le mot... dans le dictionnaire.
- Comment ça s'écrit ?
- Comment on dit... en français ?
- Écoutez le dialogue.

- Écrivez les phrases dans le cahier.
- Comment tu t'appelles ?
- Je n'ai pas compris. Vous pouvez répéter, s'il vous plaît ?
- Je peux aller aux toilettes ?
- Je peux poser une question ?

- Levez la main !
- Ouvrez le livre à la page... Faites l'exercice numéro...
- Que signifie ce mot / cette expression ?
- Taisez-vous ! / Tais-toi !
- Je m'appelle...

Asseyez-vous !

Je peux aller aux toilettes ?

Je m'appelle...

6 Voici d'autres expressions utilisées en classe. Lisez-les à voix haute. Mimez les actions pour expliquer le sens de ces consignes et questions.

Le professeur
- Cochez la bonne case.
- Complétez la fiche / le tableau.
- Effacez le tableau (noir).
- Apprenez les verbes par cœur.
- Jouez la scène.
- Lisez le texte à voix haute.
- Ne copiez pas !
- Ouvrez / fermez la fenêtre !

- Regardez le TBI (Tableau Blanc Interactif) !
- Répétez après moi.
- Répondez aux questions.
- Silence !

L'élève
- Comment ça se dit en français ?
- Je peux sortir ?
- Je peux ouvrir / fermer la fenêtre ?

Les couleurs

MARRON ROSE GRIS JAUNE
NOIR ROUGE BLEU
BLANC VERT ORANGE VIOLET

7 Regardez les dessins et complétez les phrases avec les couleurs.

1. Le cahier de français est ...
2. Le livre de grammaire est ...
3. Le crayon est ...

4. Le stylo est ...
5. Le dictionnaire est ...
6. L'ordinateur est ...

7. Le tableau est ...
8. La gomme est ... et ...
9. La trousse est ... et ...

L'alphabet

8 🎧 **CD•001 Écoutez et répétez l'alphabet.**

A B C D E F G H I J K L M
N O P Q R S T U V W X Y Z

Les signes de ponctuation

A E I ... une voyelle, des voyelles	. le point (point à la ligne)
B C D ... une consonne, des consonnes	, la virgule
	; le point-virgule
o / O minuscule, majuscule	: deux points
´ un accent aigu	? le point d'interrogation
^ un accent circonflexe	! le point d'exclamation
` un accent grave	... les points de suspension
¨ un tréma	– le trait d'union, le tiret
¸ une cédille	« » (ouvrir / fermer) les guillemets (*m.*)
' une apostrophe	( ) (ouvrir / fermer) la parenthèse

L'INFO EN ➕

En français le genre des lettres de l'alphabet est masculin : un **A**, un **B**, un **H**...
Pour épeler les lettres doubles, on dit **deux B**, **deux S**...
Pour être plus clair et mieux compris, on peut utiliser l'**alphabet téléphonique**, qui associe chaque lettre à un prénom : Anatole, Berthe, Célestin...

Lire en français

9 🎧 **CD•002 Quels sont les mots français que vous connaissez dans cette liste ? Écoutez, répétez et ajoutez cinq mots français que vous connaissez.**

1. abat-jour
2. Air France
3. atelier
4. Auchan
5. baguette
6. beige
7. Bordeaux
8. boutique
9. chauffeur
10. coiffeur
11. croissant
12. Citroën
13. équipe
14. foulard
15. garage
16. grand prix
17. hôtel
18. marrons glacés
19. papillon
20. pédicure
21. purée
22. Ratatouille
23. soufflé
24. souvenir
25. toilettes

Quelques sons français

On écrit	On prononce	comme...
é/ée/és	[e]	équipe, marrons glacés, purée, soufflé
e (pas à la fin des mots)	[ə]	atelier, souvenir
eu	[œ]	chauffeur, coiffeur
o/ô/au/eau	[o]	Auchan, Bordeaux, hôtel
o + r/l/c	[ɔ]	Bordeaux
u	[y]	pédicure, purée
ou	[u]	boutique, foulard, soufflé
ill/ouille	[ij] / [uj]	papillon, Ratatouille
oi	[wa]	coiffeur, toilettes
an/en	[ã]	Air France, croissant, grand prix
on	[ɔ̃]	marrons glacés, papillon
s/ss/c + e et i	[s]	Citroën, croissant, marrons glacés, souvenir
r/rr	[ʀ]	Air France, marrons glacés, Ratatouille
v	[v]	souvenir
j/g + e et i	[ʒ]	abat-jour, beige, garage
ch	[ʃ]	chauffeur

1

Bonjour, ça va ?

1 **À VOUS !**
Entraînez-vous à utiliser ces expressions avec votre camarade.

a. À bientôt.
b. À plus.
c. Ça va ?
d. Au revoir.
e. Salut.
f. Enchanté(e) !

L'INFO EN ✚

En français, on utilise **tu** (informel) pour les amis, les enfants et la famille. Dans une situation moins intime, on utilise **vous** (formel) pour une personne âgée, un inconnu, un professeur.

2 🎧 **CD•003 Écoutez les dialogues et répondez.**

DELF

A. À la bibliothèque

1. Rappeneau est :
   a. le nom de la jeune fille.
   b. le prénom de la jeune fille.
   c. la nationalité de la jeune fille.
2. Nathalie a :
   a. 13 ans.
   b. 15 ans.
   c. 16 ans.
3. Nathalie habite :
   a. à Paris.
   b. à Nice.
   c. à Bordeaux.

B. Dans la rue

1. Ileana est :
   a. la sœur de Brigitte.
   b. une camarade de classe de Brigitte.
   c. la fille de Mme Lambert.
2. Ileana est :
   a. française.
   b. italienne.
   c. roumaine.
3. Aujourd'hui c'est :
   a. samedi.
   b. dimanche.
   c. lundi.

3 Lisez les dialogues.

A. À la bibliothèque

L'employé	– Bonjour, mademoiselle.
Nathalie	– Bonjour, monsieur ; c'est pour une inscription.
L'employé	– Juste une petite fiche. Nom ? Prénom ?
Nathalie	– Rappeneau Nathalie.
L'employé	– Ça s'écrit comment ?
Nathalie	– R A P P E N E A U. Et Nathalie avec un H après le T.
L'employé	– Âge ?
Nathalie	– J'ai 16 ans.
L'employé	– Adresse ?
Nathalie	– 28, rue de Paris à Nice.
L'employé	– Voilà la carte d'inscription. Aujourd'hui c'est le 12 septembre, la carte est valable 6 mois.
Nathalie	– Merci, monsieur. Au revoir.

Observez

je m'appelle
tu t'appelles
il/elle s'appelle
nous nous appelons
vous vous appelez
ils/elles s'appellent

B. Dans la rue

Brigitte	– Tiens ! Salut, ma grande.
Ileana	– Bonjour, Brigitte.
Brigitte	– Maman, elle, c'est une camarade de classe ; elle a 15 ans comme moi et elle s'appelle Ileana.
Mme Lambert	– Bonjour, Ileana.
Brigitte	– Je te présente ma mère.
Ileana	– Enchantée, madame. Vous allez bien ?
Mme Lambert	– Oui, merci. Tu es italienne ?
Ileana	– Non, je suis roumaine.
Brigitte	– Maman, nous sommes en retard.
Mme Lambert	– Tu as raison. Au revoir, Ileana.
Ileana	– Au revoir, madame. À demain, Brigitte.
Brigitte	– Demain c'est dimanche ! À lundi. Tchao.

4 Relevez dans les dialogues les expressions formelles et informelles utilisées pour...

1. se saluer.
2. prendre congé.
3. demander comment ça va.
4. présenter quelqu'un.
5. répondre à une présentation.

Salut ! Je m'appelle Agnès

5 **Lisez la présentation d'Agnès.**

Observez
- le père + la mère = les **parents**
- le fils + la fille = les **enfants**
- un anim**al** → des anim**aux**

Salut tout le monde ! Je suis Agnès. J'ai 16 ans et je suis en seconde au lycée Victor Hugo. Dans ma famille, nous sommes six. Mon père s'appelle Georges, il a 52 ans. Ma mère, Klara, a un prénom allemand mais elle est française, elle a 49 ans. Mes parents sont pharmaciens et ils aiment bien leur travail. Mes deux sœurs s'appellent Sarah et Émilie ; elles ont 11 et 13 ans et elles vont au collège.
Mon grand frère Édouard a 21 ans ; actuellement, il se trouve à l'université de Dublin pour ses études.
Notre maison est à la campagne ; mon école est à 30 kilomètres et, tous les matins, je prends le bus scolaire.
J'adore les animaux : nous avons trois chiens, un chat et une tortue. Souvent, je m'occupe aussi du cheval de nos voisins, M. et Mme Duvent. Leurs enfants sont très sympas : Françoise est en classe avec moi et son frère Paul est encore à l'école élémentaire.

6 **Vrai ou faux ?**

1. Agnès est lycéenne.
2. Elle a un frère, Paul.
3. Sa mère est hollandaise.
4. Agnès va à l'école en voiture.
5. Agnès est la sœur d'Édouard.
6. Elle habite à la campagne.
7. Elle a cinq animaux.
8. Elle déteste le cheval de ses voisins.

L'INFO EN ✚

Le collège
11 ans - la sixième
12 ans - la cinquième
13 ans - la quatrième
14 ans - la troisième

Le lycée
15 ans - la seconde
16 ans - la première
17 ans - la terminale

L'examen final s'appelle le **baccalauréat** ou **bac**.

7 **De qui il s'agit ?**

DELF

1. Elle a 11 ans.
   a. Agnès.
   b. Sarah.
   c. Émilie.

2. C'est la voisine d'Agnès.
   a. Klara.
   b. Émilie.
   c. Françoise.

3. Elle va au lycée.
   a. Sarah.
   b. Émilie.
   c. Françoise.

4. Elle travaille dans une pharmacie.
   a. Klara.
   b. Mme Duvent.
   c. Françoise.

5. Il va à l'université.
   a. Paul.
   b. Édouard.
   c. Georges.

6. Les enfants de M. et Mme Duvent sont :
   a. Paul et Françoise.
   b. Georges et Édouard.
   c. Sarah et Émilie.

8 GRAMMAIRE **Complétez et répondez oralement.**

1. Trouvez dans le texte de l'activité 5 les adjectifs possessifs, puis complétez.

  a. … père (*m. sing.*)   **c.** … mère (*f. sing.*)
  b. … parents (*m. pl.*)   **d.** … sœurs (*f. pl.*)

2. L'adjectif possessif pluriel *mes* s'utilise avec :

  a. les noms masculins. **b.** les noms féminins. **c.** les noms masculins et féminins.

3. *École* est un mot féminin : que remarquez-vous dans l'utilisation de l'adjectif possessif ? Pourquoi, selon vous ?

▶ **Les adjectifs possessifs, p. 24**

9 **Relisez la présentation d'Agnès et complétez l'arbre généalogique de sa famille dans votre cahier.**

mon père
Georges

Agnès

Mots et expressions

🎧 CD•004 Les pays et les nationalités

PAYS	NATIONALITÉ
• **Europe**	**européen(ne)**
• France	français(e)
• Italie	italien(ne)
• Espagne	espagnol(e)
• Portugal	portugais(e)
• Angleterre	anglais(e)
• Belgique	belge
• Allemagne	allemand(e)
• Suisse	suisse
• Autriche	autrichien(ne)
• Russie	russe
• Roumanie	roumain(e)
• Grèce	grec(que)
• Turquie	turc (turque)

• **Afrique**	**africain(e)**
• Maroc	marocain(e)
• Algérie	algérien(ne)
• Tunisie	tunisien(ne)
• Sénégal	sénégalais(e)

• **Asie**	**asiatique**
• Japon	japonais(e)
• Chine	chinois(e)
• Inde	indien(ne)

• **Amérique**	**américain(e)**
• États-Unis	américain(e)
• Canada	canadien(ne)
• Québec	québécois(e)
• Pérou	péruvien(ne)
• Argentine	argentin(e)
• Brésil	brésilien(ne)

• **Océanie**	**océanien(ne)**
• Australie	australien(ne)

🎧 CD•006 Les jours de la semaine

- lundi
- mardi
- mercredi
- jeudi
- vendredi
- samedi
- dimanche

🎧 CD•007 Les mois de l'année

• janvier	• mai	• septembre
• février	• juin	• octobre
• mars	• juillet	• novembre
• avril	• août	• décembre

🎧 CD•008 Les nombres de 0 à 69

• **0** zéro	• **21** vingt et un
• **1** un	• **22** vingt-deux
• **2** deux	• **23** vingt-trois
• **3** trois	• **24** vingt-quatre
• **4** quatre	• **25** vingt-cinq
• **5** cinq	• **26** vingt-six
• **6** six	• **27** vingt-sept
• **7** sept	• **28** vingt-huit
• **8** huit	• **29** vingt-neuf
• **9** neuf	
• **10** dix	• **30** trente
• **11** onze	• **40** quarante
• **12** douze	• **50** cinquante
• **13** treize	• **60** soixante
• **14** quatorze	
• **15** quinze	• **61** soixante et un
• **16** seize	• **62** soixante-deux
• **17** dix-sept	• **63** soixante-trois
• **18** dix-huit	• **64** soixante-quatre
• **19** dix-neuf	• **65** soixante-cinq
• **20** vingt	• **66** soixante-six
	• **67** soixante-sept
	• **68** soixante-huit
	• **69** soixante-neuf

🎧 CD•005 Les animaux domestiques

- un chien, une chienne
- un chat, une chatte
- un cheval, une jument
- une tortue
- un canari
- un poisson rouge
- un hamster

🎧 CD•009 La famille (1)

- les parents : le père et la mère
- papa, maman
- les enfants: le fils, la fille
- le frère, la sœur

1 Complétez avec la nationalité de ces personnages célèbres.

1. Les Beatles sont un groupe ... .
2. Dante Alighieri est un poète ... .
3. Jeanne d'Arc est une héroïne ... .
4. Albert Einstein est un physicien ... .
5. Tchaïkovski est un compositeur ... .
6. Yamamoto Tsunetomo est un célèbre samouraï ... .

2 Complétez avec le nom commun de ces animaux.

1. Les ... Ninja.
2. Le ... Titi et le ... Grosminet.
3. Le ... Scooby-Doo.
4. Tornado, le ... noir de Zorro.
5. Les ... du manga Hamtaro.

3 Complétez avec les noms des jours ou des mois.

1. Les mois de 31 jours sont ... .
2. Le premier jour de la semaine est ... .
3. Le mois le plus court est ... .
4. ... est le 11e mois de l'année.
5. Le jour de Pâques c'est toujours un ... .

4 Recopiez la grille de mots-croisés dans votre cahier et complétez-la avec les noms des jours et des mois qui ne sont pas présents dans l'exercice 3.

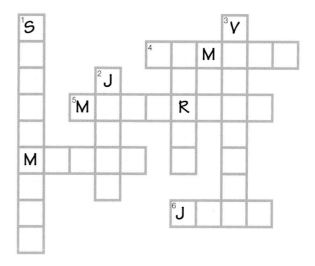

5 CD • 010 Quel nombre vous entendez ?

1. Mario habite 6 / 10, rue de la République.
2. Thomas a 6 / 16 ans.
3. Encore 3 / 13 jours et c'est la fin des vacances.
4. L'exercice se trouve à la page 31 / 41 du livre.
5. Il habite à 54 / 64 kilomètres du centre-ville.
6. L'exercice numéro 13 / 16 est difficile.

▶ **Dire, lire, écrire**

L'accent tonique

6 CD • 011 Écoutez et répétez.

1. cinéma – animal – naturel – finir – métro – bonjour
2. champagne – roulette – Bologne
3. Moulin Rouge – eau de toilette – il habite à Nice

7 Maintenant répondez.

1. Dans un mot, l'accent tonique est généralement placé sur la première voyelle ou la dernière voyelle ?
2. Quand la dernière lettre est un -e, l'accent tonique se place sur la dernière voyelle ou l'avant-dernière voyelle ?
3. Dans un groupe de mots, l'accent tonique se place sur le dernier mot ou sur le deuxième mot ?

8 CD • 012 Lisez à voix haute, écoutez pour vérifier votre prononciation et répétez.

Amérique – euro – clinique – moto – panorama – pizza – Sarah – super

Grammaire

▶ Les pronoms personnels sujets

> *Je* suis Agnès.

- En français, **le sujet doit toujours être exprimé**. S'il ne s'agit pas d'un nom propre ou d'un nom, on utilise les pronoms personnels sujets.

  Je suis mexicaine.

	1ʳᵉ pers.	2ᵉ pers.	3ᵉ pers.	
			masc.	fém.
sing.	je/j'	tu	il	elle
plur.	nous	vous	ils	elles

- Devant une **voyelle** ou un ***h* muet**, *je* devient **j'**.
- *Nous, vous, ils* et *elles* font la liaison avec le verbe s'il commence par une voyelle.

ATTENTION ! La forme de politesse est *vous* + *2ᵉ personne du pluriel*.

> *Excusez-moi madame,* **vous** *avez l'heure ?*

1 **Complétez avec le pronom personnel sujet approprié.**

1. Daria et Marta sont italiennes, … parlent italien.
2. … allez bien, madame ?
3. Je te présente Béatrice, … est au lycée avec moi.
4. … as 17 ans, … ai 15 ans : … sommes lycéens.
5. Robert est français, … habite à Nice.
6. Vasilis et Sofia sont grecs, … vivent à Athènes.
7. … êtes très sympas.
8. Nous adorons les animaux : … avons un chat et un chien.
9. Je me présente : … suis Nathalie Rappeneau.
10. Brigitte, … es belge ou suisse ?

▶ Les verbes *être* et *avoir*

> *Je* **suis** roumaine.
> *J'***ai** 16 ans.

- Les verbes auxiliaires *être* et *avoir* sont irréguliers.

être	avoir
je suis	j'ai
tu es	tu as
il/elle est	il/elle a
nous sommes	nous avons
vous êtes	vous avez
ils/elles sont	ils/elles ont

2 🎧 **CD•013 Écoutez et répétez la conjugaison des verbes *être* et *avoir*. Faites attention à la différence entre *ils/elles sont* et *ils/elles ont*.**

3 **Complétez avec les verbes *être* ou *avoir*.**

1. Alexandra … seulement 2 ans, elle … trop petite pour aller à l'école.
2. Aujourd'hui, je … malade : j' … 38 de fièvre.
3. M. Latour, vous … marié ? Vous … des enfants ?
4. Marion et Luc … trois exercices d'anglais à faire ; ils … très difficiles.
5. Nous … un problème et nous … en retard.
6. Tu … en quelle classe ? Tu … qui comme prof d'italien ?
7. Janvier … le premier mois de l'année et il … 31 jours.
8. Je m'appelle Farid, je … marocain et j'… beaucoup d'amis en France.
9. Je … la sœur d'Ileana. Nous … un petit frère.
10. Tu … raison : ton voisin … très sympathique.

▶ Les articles définis et indéfinis

> Voilà **la** carte d'inscription.
> Juste **une** petite fiche.

- Les **articles définis** sont les suivants :

	masculin	féminin
singulier	le/l'	la/l'
pluriel	les	

- Devant une **voyelle** ou un *h* **muet**, les articles *le* et *la* **deviennent** *l'*.

- Les **articles indéfinis** sont les suivants :

	masculin	féminin
singulier	un	une
pluriel	des	

ATTENTION ! L'article pluriel *des* ne peut être sous-entendu, il est obligatoire.
> *Dans mon cartable, il y a des cahiers et des crayons.*

4 Complétez avec l'article défini et l'article indéfini.

0. Le livre   Un livre
1. ... classe   ... classe
2. ... équipe   ... équipe
3. ... exercices   ... exercices
4. ... film   ... film
5. ... hôtel   ... hôtel
6. ... vacances   ... vacances
7. ... enfant   ... enfant
8. ... chat   ... chat

5 Associez chaque article à tous les noms possibles.

1. le
2. la
3. l'   crayon
4. les   élèves
5. un   éponge
6. une   gomme
7. des   ordinateur
               professeurs

6 Complétez avec l'article défini ou l'article indéfini.

1. Aujourd'hui, c'est ... jour spécial : c'est ... anniversaire de Jean-Luc.
2. ... 17 mai, c'est ... jeudi.
3. Vous préférez l'eau ou ... jus d'orange ?
4. ... roses sont ... fleurs très appréciées.
5. M. Frétel a ... grande passion : ... musique classique.
6. ... lycée Henri IV est ... école prestigieuse.

▶ La formation du féminin (1)

> Elle est **française**.

- En général, pour former le féminin des noms et des adjectifs, **on ajoute un** *-e* à la forme au masculin :
  > *un ami français* → *une amie française*

- L'ajout du *-e* après une consonne modifie la prononciation. **Il faut alors prononcer la consonne finale** :
  > *français* → *française*

- Si un mot au masculin se termine par un *-e*, la forme **ne change pas** au féminin :
  > *un élève belge* → *une élève belge*

- Si le mot se termine par un *-é*, on suit la règle générale :
  > *Il est fatigué.* → *Elle est fatiguée.*

7 Transformez les phrases au féminin.

1. Un ami spontané.
2. Un journaliste mexicain.
3. Un étudiant réservé.
4. Un candidat hollandais.
5. Un artiste espagnol.
6. Un commerçant chinois.
7. Un architecte âgé.
8. Un voisin charmant.
9. Un jeune suisse.
10. Un avocat sénégalais.

▶ La formation du pluriel (1)

Mes parents sont **pharmaciens**.

- En général, pour former le pluriel des noms et des adjectifs, **on ajoute un -s** à la forme au singulier :
    un film américain → des films américains
    une fille espagnole → des filles espagnoles
- Les mots se terminant par *-s, -x* et *-z* sont **invariables** :
    le bus anglais → les bus anglais
    le prix → les prix
    le nez → les nez

8 Transformez les phrases au pluriel.

1. Un discours difficile.
2. Une moto américaine.
3. Une voix merveilleuse.
4. Un objet curieux.
5. Un gaz rare.
6. Un restaurant japonais.
7. Une voiture propre.
8. Un ami chinois.

▶ Les adjectifs possessifs

Leurs enfants sont très sympas.

- Les adjectifs possessifs varient selon le possesseur (*je → mon, tu → ton*, etc.), et s'accordent en genre et en nombre selon l'objet (ou la personne) possédé(e) (**mon** *livre*, **ma** *sœur*, **mes** *amis*).

	singulier		pluriel
	masc.	**fém.**	**masc./fém.**
je	mon	ma	mes
tu	ton	ta	tes
il/elle	son	sa	ses
nous	notre		nos
vous	votre		vos
ils/elles	leur		leurs

- Devant un mot féminin singulier qui commence par une **voyelle** ou un *-h* **muet**, on utilise la forme au masculin *mon, ton, son* :
    *une école → **mon** école*
    *une ancienne voiture → **son** ancienne voiture*

9 Complétez avec l'adjectif possessif qui correspond au sujet de la phrase.

0. Vous avez **votre** passeport ?
1. Je ne trouve plus ... trousse.
2. Tu as raison : ...idée est excellente !
3. Édouard parle de ... expérience à Dublin.
4. Nous n'avons pas ... cahiers.
5. Monsieur, vous avez ... papiers ?
6. Elles passent ... vacances à la montagne.
7. Je te présente ... amie Natacha.
8. M. et Mme Duvent habitent à la campagne ; ... maison est très grande.
9. Il est drôle avec ... chemises à fleurs !
10. Tu peux me donner ... adresse électronique ?

10 Complétez les réponses avec l'adjectif possessif qui convient.

0. C'est la voiture de Mme Ducros ?
    – Oui, c'est **sa** voiture.
1. C'est l'histoire de Julien ?
    – Oui, c'est ... histoire.
2. C'est la fille de M. et Mme Duvent ?
    – Oui, c'est ... fille.
3. Ce sont les profs des élèves de cette école ?
    – Oui, ce sont ... profs.
4. C'est le chien d'Agnès ?
    – Oui, c'est ... chien.
5. C'est ma place, mademoiselle ?
    – Oui, madame, c'est ... place.
6. Ce sont vos stylos ? – Oui, ce sont ... stylos.
7. C'est l'ex-femme de Laurent ?
    – Oui, c'est ... ex-femme.
8. Ce sont nos ordinateurs ?
    – Oui, ce sont ... ordinateurs.

▶ Dire, lire, écrire

Les articles *un, une* et *le, les*

11 🎧 CD•014 **Écoutez et répétez.**

1. un secrétaire / une secrétaire   2. un tour / une tour   3. un athlète russe / une athlète russe

12 🎧 CD•015 **Le sens des mots suivants change selon leur genre. Écoutez et dites le mot que vous entendez.**

	MASCULIN	FÉMININ
1.	a. un critique	b. une critique
2.	a. un livre	b. une livre
3.	a. un manche	b. une manche
4.	a. un moule	b. une moule
5.	a. un voile	b. une voile

13 🎧 CD•016 **Lisez à voix haute, écoutez pour vérifier votre prononciation et répétez.**

1. un page / une page
2. un journaliste / une journaliste
3. un vétérinaire / une vétérinaire
4. un pianiste belge / une pianiste belge
5. Un violoniste espagnol est arrivé. / Une violoniste espagnole est arrivée.

14 🎧 CD•017 **Écoutez et répétez.**

1. le journaliste / les journalistes
2. le chanteur / les chanteurs
3. le ministre suisse / les ministres suisses

> **ATTENTION !** Il faut faire très attention à la différence de prononciation entre *le* et *les*.

15 🎧 CD•018 **Singulier ou pluriel ?**

16 🎧 CD•019 **Lisez à voix haute, écoutez pour vérifier votre prononciation et répétez.**

1. le stylo
2. les sacs
3. les dialogues
4. le téléphone
5. les numéros
6. le prénom
7. le problème
8. les films
9. le sport
10. les lycées

Entrer en contact

▶ Saluer (arriver)

informel (tu)	formel (vous)
Bonjour	
Bonsoir	
Salut	

▶ Saluer (partir)

informel (tu)	formel (vous)
Au revoir	
À demain, À bientôt, À tout à l'heure	
Bonne journée, Bon après-midi, Bonne soirée, Bonne nuit	
À plus tard, À plus	
Tchao / Ciao	
Salut	

▶ Demander comment ça va

tu	vous
Comment vas-tu ?	Comment allez-vous ?
Tu vas bien ?	Vous allez bien ?
Ça va ?	
Moi ça va, et toi ? / et vous ?	

▶ Dire comment ça va

(Ça va) très bien ≠ mal.
Je vais bien. ≠ Je ne vais pas trop bien.
Ça ne va pas du tout.
Comme ci comme ça.
On fait aller.

1 **Pour chacune de ces situations, quelle est l'expression appropriée ?**

1. Kevin rencontre une camarade de classe à l'entrée de l'école.
   a. Salut Manon.
   b. Bonjour mademoiselle.
   c. À plus.

2. M. Grosjean rencontre son chef à la sortie du travail.
   a. Tchao, à tout à l'heure.
   b. Au revoir, à demain.
   c. Bonjour monsieur.

3. Mme Valmont rencontre l'enseignante de sa fille.
   a. Enchantée madame.
   b. Bonjour madame, comment allez-vous ?
   c. Bonne journée madame.

4. Pierre rencontre son amie Marie.
   a. Bonjour mademoiselle. Comment allez-vous ?
   b. Salut Marie. Je vais très bien.
   c. Bonjour Marie, tu vas bien ?

Se présenter

▶ Se présenter

- Je me présente.
- Je m'appelle...
- Moi, c'est...
- Je suis...
- Mon prénom / Mon nom est...

▶ Présenter quelqu'un

- Je te / vous présente...
- Voici...
- C'est...
- Il/Elle s'appelle...
- Enchanté(e).
- Ravi(e) de faire votre connaissance.

2 Lisez la présentation de Ferid, puis prenez la place d'Armando et d'Annette et présentez-vous.

Bonjour, je m'appelle Ferid, j'ai 23 ans et je suis marocain. Je suis étudiant, je parle arabe, français et anglais. J'aime beaucoup le sport et j'ai un chien.

Armando
Âge : 18 ans
Pays : Pérou
Profession : lycéen
Langues : espagnol, français, portugais
Passions : foot, natation
Animaux : poissons rouges

Annette
Âge : 22 ans
Pays : Belgique
Profession : étudiante
Langues : flamand, français, russe
Passions : musique, danse
Animaux : 2 chats

3 Complétez les dialogues avec les expressions des encadrés.

A. À la gare

Valérie – (1) … Grégoire. Tu vas bien ?
Grégoire – Bonjour Valérie. Moi (2) … et toi ?
Valérie – Moi aussi. Je (3) … ma correspondante irlandaise : elle s'appelle Judith.
Grégoire – (4) … Judith. Bienvenue en France !
Judith – Merci.
Valérie – Et lui, (5) … Grégoire, le gentleman du lycée.
Grégoire – Allez les filles, je dois filer. (6) … !

B. Au théâtre

Mme Clément – Oh, (1) … monsieur Sarres.
M. Sarres – Bonsoir madame. (2) … ?
Mme Clément – Je vais très bien, merci. Et vous ?
M. Sarres – On fait aller. Mme Clément, (3) … ma femme, Hortense.
Mme Clément – (4) … madame. Vous aimez le spectacle ?
Mme Sarres – Oui, le spectacle est magnifique !
Mme Clément – Le deuxième acte commence bientôt. (5) … .
M. Sarres – Au revoir. Et (6) … .

Demander et dire la date

4 Complétez avec la question ou la réponse qui conviennent.

1. – … ?
   – C'est le 25 juillet.
2. – Quel jour sommes-nous, aujourd'hui ?
   – … .
3. – … ?
   – On est le 31 octobre.
4. – C'est le combien, aujourd'hui ?
   – … .
5. – … ?
   – Nous sommes mardi.

6. – C'est quel jour, aujourd'hui ?
   – … .

> **▶ La date**
> - Quel jour sommes-nous ?
>   Nous sommes lundi.
> - C'est quel jour, aujourd'hui ?
>   C'est le 1er (premier) février.
> - On est / C'est le combien ?
>   On est / C'est le 24 (février).

La France physique et

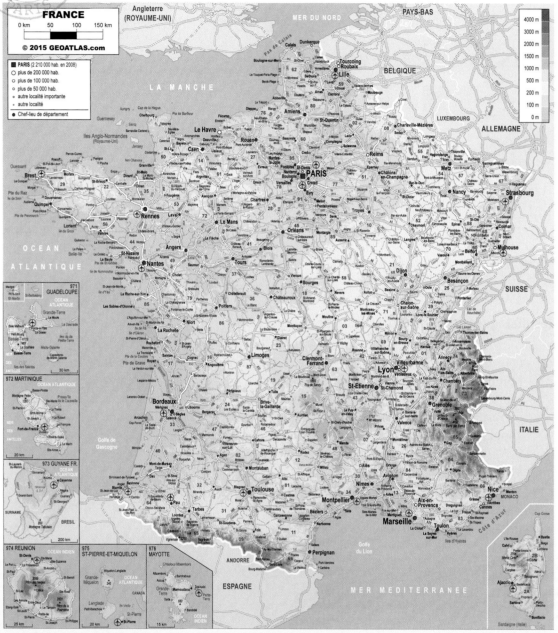

1 Choisissez la bonne réponse.

1. La France est séparée
   du Royaume-Uni par...
   a. l'océan Atlantique.
   b. la Manche.
   c. la mer Méditerranée.

2. Les plaines se situent surtout...
   a. au nord et à l'est.
   b. au nord et à l'ouest.
   c. au sud et à l'est.

3. Les Pyrénées séparent la France...
   a. de l'Espagne.
   b. de l'Italie.
   c. de la Suisse.

4. La Seine se jette dans...
   a. l'océan Atlantique.
   b. la Manche.
   c. la Méditerranée.

politique

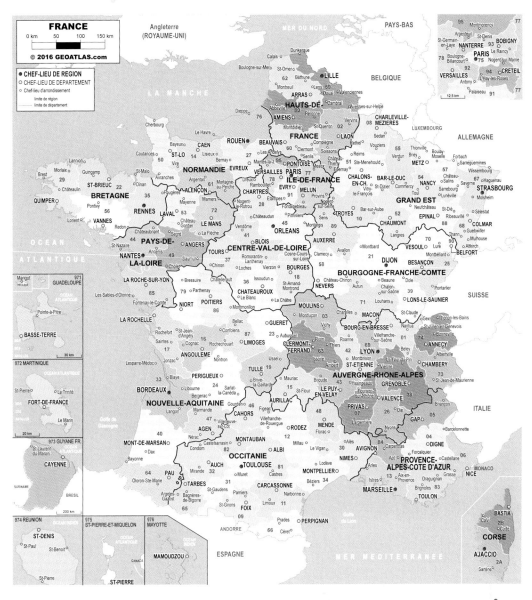

2 Choisissez la bonne réponse et répondez.

1. Les régions de la France métropolitaine sont...
   a. 12.
   b. 13.
   c. 14.

2. Les régions sont divisées en...
   a. arrondissements.
   b. départements.
   c. provinces.

3. Comment s'appelle la région de Paris ?

4. Quel est le chef-lieu de la région Auvergne-Rhône-Alpes ?

La France en bref

Habitants	66 600 000 (en 2016)
Superficie	551 000 km² en France métropolitaine + 120 000 km² de territoires d'Outre-Mer
Capitale	Paris
Langue officielle	français
Régime politique	République semi-présidentielle
Drapeau	bleu, blanc, rouge (trois bandes verticales)
Fête nationale	14 juillet
Hymne national	*La Marseillaise*
Devise	Liberté, Égalité, Fraternité
Monnaie	euro

2

Qui est-ce ?

1 À VOUS ! **Vous connaissez des personnages célèbres français ?**

- Acteurs
- Chanteurs
- Personnages historiques
- Autres

2 🎧 CD•020 Devinez qui est la star. **Écoutez et répondez.**

DELF
1. Qu'est-ce que c'est ?
   a. Un jeu télévisé.
   b. Un sondage d'opinion.
   c. Un débat à la radio.

2. Qui sont Yann et Héloïse ?
   a. Deux journalistes.
   b. Deux téléspectateurs.
   c. Deux concurrents.

3. Comment ils devinent les personnages ?
   a. À travers des vidéos.
   b. À travers des photos.
   c. À travers des indices donnés par le présentateur.

4. Qui gagne ?

3 **Écoutez de nouveau et associez les photos aux personnages.**

a. Amadou et Mariam   b. Roger Federer   c. Philippe Geluck   d. Julie Payette

4 Associez chaque personnage de l'activité précédente à sa nationalité et à sa profession.

Roger Federer
Philippe Geluck
Julie Payette
Amadou et Mariam

1. Elle est québécoise.
2. Ils sont maliens.
3. Il est belge.
4. Il est suisse.

a. C'est un champion de tennis.
b. Il est dessinateur.
c. Ils sont musiciens et chanteurs.
d. C'est une astronaute.

5 À deux. Un(e) élève demande l'identité, la nationalité et la profession d'un personnage. Son/sa camarade répond.

- *Qui est-ce ? C'est Roger Federer.*
- *Quelle est sa nationalité ? Il est suisse.*
- *Qu'est-ce qu'il fait ? C'est un champion de tennis.*

> **Observez**
> - **Il/Elle est** journaliste.
> - **Il/Elle est** russe.
> - **C'est un(e)** journaliste.

6 Célébrités francophones. Lisez les fiches et répondez.

Prénom / Nom : **Mika (Michael Holbrook Penniman Jr)**
Lieu de naissance : Beyrouth
Date de naissance : 18/08/1983
Nationalité : libanaise
Profession : chanteur
Chanson : *Elle me dit*
Opinion des fans : Il est très mignon !

Prénom / Nom : **Eleonora Abbagnato**
Lieu de naissance : Palerme
Date de naissance : 30/06/1978
Nationalité : italienne
Profession : danseuse
Carrière : étoile de l'Opéra de Paris
Opinion des fans : C'est une star internationale, sur scène et dans la vie !

Prénom / Nom : **Emma Watson**
Lieu de naissance : Paris
Date de naissance : 15/04/1990
Nationalité : anglaise
Profession : actrice et mannequin
Films : la saga de *Harry Potter*
Opinion des fans : Comédienne ou mannequin, elle est très professionnelle !

1. Qui est né au Liban ?
2. Qui travaille à Paris ?
3. Où est née l'actrice ?
4. Comment s'appelle la danseuse étoile ?
5. Quel est le prénom de l'actrice ?

6. Quand est né Mika ?
7. Que pensent les fans d'Emma ?
8. Ces trois personnages ne sont pas français, mais ils sont très liés à la France. De quelle manière ?

7 **GRAMMAIRE** Observez les phrases et répondez.

*Ils **ne** sont **pas** français.*   *Nadal **n'**est **pas** suisse.*

1. Ces phrases sont-elles affirmatives ou négatives ?
2. La négation se compose de deux mots : ... et ... .
3. Quel mot est toujours avant le verbe ? Quel mot est après le verbe ?

▶ **La phrase négative, p. 39**

> **Observez**
> - Il est **né** à Beyrouth.
> - **Elle** est **née** à Palerme.

8 Répondez aux questions.

0. Mika est français ?   Non, il n'est pas français, il est libanais.
1. Mika chante en français ?
2. Est-ce qu'Eleonora est née en Italie ?
3. Eleonora est une championne de tennis ?
4. Emma est actrice ?
5. Est-ce qu'Emma est italienne ?

Dans mon sac, j'ai...

9 Le blog de Pénélope. **Lisez et répondez ce que Pénélope a dans son sac à main.**

a. Un sandwich.
b. Un téléphone portable.
c. Des mouchoirs.
d. Une brosse à cheveux.

10 **Répétez et « mimez » ces mots.**

1. Un parapluie.
2. Un mouchoir.
3. Un rouge à lèvres.
4. Un miroir.
5. Une brosse à dents.
6. Un sac à dos.

Pénélope c'est moi

Dans mon sac, j'ai toujours des clés, un mobile, un porte-monnaie, un agenda et un parapluie. J'ai aussi des mouchoirs, un rouge à lèvres, un petit miroir, des lunettes de soleil, un stylo, une boîte de bonbons et des tickets de métro. J'aime aussi avoir un livre pour lire dans le métro. Et puis, une brosse à dents.
Je suis indiscrète : et vous, qu'est-ce que vous avez dans votre sac à main ou dans votre sac à dos ?

11 **Classez les objets de Pénélope.**

Pratique	Accessoires	Beauté	Autres
des clés	???	???	???

12 **CD•021** À l'aéroport.

DELF **Écoutez et complétez la fiche dans votre cahier.**

Nom : ...
Prénom : ...
Âge : ...
Adresse : 9, rue Pierre Corneille
83000 ...
France
Numéro de téléphone : +33 4 94 62 95 67
Nationalité : ...
Destination : ...

13 **Écoutez de nouveau et complétez.**

L'agent	– Quel (**1**) ... votre nom, mademoiselle ?
La passagère	– Caroline Verne.
L'agent	– Vous (**2**) ... où ?
La passagère	– À Toulon.
L'agent	– Vous (**3**) ... quel âge ?
La passagère	– 22 ans.
L'agent	– Vous (**4**) ... où ?
La passagère	– À New York.
L'agent	– Qu'est-ce que vous (**5**) ... dans votre sac à dos ?
La passagère	– Un porte-monnaie, un casque audio, une brosse à cheveux, un appareil photo, quelques euros, un téléphone.

14 **L'agent des douanes demande à Caroline ce qu'elle a dans son sac à dos. Caroline répond.**

Qu'est-ce que c'est ?
C'est une brosse à cheveux.

15 **Qu'est-ce que vous avez dans votre sac à main / sac à dos ?**

Mots et expressions

- un joueur de tennis, une joueuse de tennis
- un chanteur, une chanteuse
- un acteur, une actrice
- un architecte, une architecte

- un enseignant, une enseignante
- un ouvrier, une ouvrière
- un musicien, une musicienne
- un employé, une employée

• un médecin

• un juge,
une juge

• un mannequin,
une mannequin

• un infirmier,
une infirmière

• un commerçant,
une commerçante

• un journaliste,
une journaliste

• un professeur,
une professeure

• un dessinateur,
une dessinatrice
• un comédien,
une comédienne
• un astronaute,
une astronaute
• un avocat,
une avocate
• un écrivain,
une écrivaine
• un top-modèle,
une top-modèle
• un chômeur,
une chômeuse
• un retraité,
une retraitée

---

1 **De quelle profession il s'agit ?**

1

2

3

4

🎧 CD • 023 Quelques objets

- un crayon
- un appareil photo
- un stylo
- un livre
- un agenda
- une tablette
- une clé
- un ticket de métro
- un lecteur mp3
- des lunettes de soleil
- un ordinateur
- un miroir
- un parapluie
- un mouchoir
- une brosse à dents
- un rouge à lèvres
- une brosse à cheveux
- des bonbons
- un porte-monnaie

2 À deux. **Indiquez un objet et demandez à un(e) camarade « Qu'est-ce que c'est ? ». Il / elle répond en utilisant « C'est... / Ce sont... ». Puis échangez les rôles.**

CD • 024 La fiche d'identité

RÉPUBLIQUE FRANÇAISE

CARTE NATIONALE D'IDENTITÉ   Nationalité Française

Nom :   DUPONT
Prénom :   PAUL
Date de naissance : 12/01/1991
Lieu de naissance : LYON
Adresse :   16, AVENUE
                    DE LA LIBÉRATION
                    SAINT-ÉTIENNE
État civil :   CÉLIBATAIRE

- le nom
- le prénom
- le sexe
- l'âge (*m.*)
- la date de naissance
- le lieu de naissance
- la nationalité
- l'adresse (*f.*)
- la profession
- l'état civil : célibataire, marié(e), pacsé(e), divorcé(e), veuf, veuve (*f.*)

▶ **Dire, lire, écrire**

La liaison

- De nombreuses consonnes finales sont **muettes** ; mais elles se prononcent si le mot suivant commence par une **voyelle** ou un *h* **muet**. Ce phénomène s'appelle *liaison*.

ATTENTION ! Quand on fait la liaison, le -*s* et le -*x* se prononcent [z].

- On fait la liaison entre deux mots qui se suivent, et qui font partie du même groupe : **sujet + verbe**, **article + nom**, **nombre + nom**, etc.
- **On ne fait pas** la liaison après la conjonction *et* ni devant un *h* **aspiré** (signalé dans les dictionnaires par un astérique).

3 CD • 025 **Écoutez et répétez.**

nous arrivons – vous habitez – les hommes – des exercices – dix ans
les *harpes – nous *hurlons – un éléphant et une girafe

L'élision

- On fait **l'élision** avec de nombreux mots courts finissant le plus souvent par un -*e*, c'est-à-dire qu'on remplace la voyelle finale par une apostrophe devant un mot commençant par une **voyelle** ou un *h* **muet**.
- L'élision est **obligatoire** avec *le, la, ce, je, me, te, se, de, ne, que* :

    l'éléphant – je m'appelle – c'est Paul – elle n'arrive pas

Intonation descendante / Intonation montante

- On prononce la **phrase déclarative** avec une **intonation descendante** ↘.
- On prononce la **phrase interrogative** avec une **intonation ascendante** ↗.
    Marie est française. ↘ *Marie est française ?* ↗

4 CD • 026 **Écoutez et indiquez s'il s'agit d'une affirmation ou d'une interrogation.**

Grammaire

▶ La formation du féminin (2)

Elle est très **professionnelle**.

- Les adjectifs et les noms se terminant par **-n** prennent un **-e** au féminin ; et **les voyelles perdent le son nasal** :

    musulman → musulmane,
    américain → américaine, plein → pleine,
    voisin → voisine, commun → commune

ATTENTION ! paysan → pay**s**anne,
Jean → Je**anne**, copain → cop**ine**

- Tous les adjectifs se terminant par **-el, -il, -ul, -en, -on doublent leur consonne finale** et prennent un **-e** au féminin :

    naturel → nature**lle**, gentil → genti**lle**,
    nul → nu**lle**, lycéen → lycée**nne**,
    champion → champio**nne**

EXCEPTIONS : seul(e), civil(e)

- La plupart des adjectifs et des noms se terminant par **-as, - os, -et, -ot doublent leur consonne finale** :

    gras → gra**sse**, gros → gro**sse**,
    violet → viole**tte**, sot → so**tte**

ATTENTION ! héros → héroïne, chat(te), épais(se)

- Les adjectifs (in)complet, concret, (in)discret, inquiet, secret forment leur féminin en **-ète** :

    complet → compl**ète**

▶ La phrase interrogative

Mika chante en anglais ?
Est-ce qu'Eleonora est espagnole ?
Il vient d'**où** ?

- L'**interrogation totale** (pour laquelle on attend une réponse *oui, non, peut-être*) peut être formulée de deux façons :
    – en ajoutant un point d'interrogation à la phrase affirmative et en la prononçant avec une **intonation ascendante** (situation informelle) : *Elle est **anglaise** ?* ↗
    – en insérant *est-ce que* avant le sujet (forme standard) : ***Est-ce qu'**elle est **anglaise** ?*

ATTENTION ! **Que** devient **qu'** devant une voyelle ou un *h* muet.

- L'**interrogation partielle** est construite avec un mot interrogatif (***quand, où, comment**…*) et on peut la formuler de trois façons :

mot interrogatif + sujet + verbe

    ***Où** tu habites ?*

mot interrogatif + **est-ce que** + sujet + verbe

    ***Où est-ce que** tu habites ?*

verbe + sujet + *mot interrogatif*

    *Tu habites **où** ?*

ATTENTION ! **Que** devient *quoi* quand il est **en fin de phrase** :
    Qu'est-ce que tu fais, cet après-midi ?
    *Tu fais **quoi**, cet après-midi ?*

Dans les situations formelles, on utilise une autre modalité (l'inversion du sujet).

---

1 **Transformez au féminin.**

1. C'est un criminel cruel.
2. Ton chat est trop gras.
3. Au zoo, le lion africain est inquiet.
4. J'ai un voisin coréen et un argentin.
5. Jean est un bon informaticien.
6. Julien est un artisan lorrain.
7. M. Dupont est un bon patron.
8. Martin, le copain de Paul, est sourd-muet.

2 **Remettez les mots dans l'ordre pour formuler une question à partir du mot souligné.**

0. habite / Albert / à Paris
    Albert habite à Paris ?

1. se trouve / la statue / où / de la Liberté
2. as / un stylo / tu
3. arrivez / d'où / vous / est-ce que
4. s'appelle / la copine / comment / de Marc
5. allez / est-ce que / à l'école / vous

3 Trouvez toutes les questions possibles, comme dans l'exemple.

0. – Elle est américaine ?
   – Est-ce qu'elle est américaine ?
   – Oui, elle est américaine.

1. – ... ?
   – ... ?
   – ... ?
   – Elle travaille dans un café.

2. – ... ?
   – ... ?
   – ... ?
   – Ils viennent de Cannes.

3. – ... ?
   – ... ?
   – Non, il n'étudie pas à Paris.

4. – ... ?
   – ... ?
   – ... ?
   – Elles s'appellent Marion et Sophie.

▶ *Qu'est-ce que c'est ?*
Qui est-ce ?

> Qu'est-ce que c'est ?
> C'est une brosse à cheveux.

- Avec *qu'est-ce que c'est ?* on pose une question sur l'identité d'une chose. Plus familièrement, on peut aussi utiliser la forme *c'est quoi ?*
  Pour répondre, on utilise la forme *c'est* (singulier) ou la forme *ce sont* (pluriel) :
  Qu'est-ce que c'est ? C'est un ordinateur.
  Qu'est-ce que c'est ? Ce sont des ordinateurs.

- Avec *qui est-ce ?* on pose une question sur l'identité d'une personne.
  Dans le langage informel, on utilise *qui c'est ?* ou *c'est qui ?*
  Pour répondre, on utilise aussi la forme *c'est* (singulier) ou la forme *ce sont* (pluriel) :
  Qui est-ce ? C'est Marie. / C'est la mère d'Annie.
  Qui est-ce ? Ce sont Marie et Robert. / Ce sont les amis de Paul.

4 Maintenant, trouvez la question et complétez la réponse, comme dans l'exemple.

0. – Qui est-ce ?
   – C'est Sophie Marceau, une actrice célèbre.

1. – ... ?
   – ... un parapluie.

2. – ... ?
   – ... une championne de tennis.

3. – ... il a dans son sac à dos ?
   – Il a trois livres et un dictionnaire.

4. – ... ?
   – ... les lunettes de Marcel.

5. – ... tu regardes ?
   – Un western.

6. – ... ?
   – ... les professeurs de notre classe.

7. – ... ?
   – ... des appareils photo anciens.

8. – ... ?
   – ... un porte-monnaie.

9. – ... ?
   – Ce sont Luc et Yves.

▶ **La phrase négative (1)**

> Ils **ne** sont **pas** français.

- On forme la phrase négative avec :

sujet + **ne** + verbe + **pas**

- *Ne* devient *n'* devant une voyelle ou un *h* muet :
  J'aime la mer. → *Je n'aime pas la mer.*
- Avec les verbes pronominaux, *ne* **se place immédiatement après le sujet** :
  Je m'appelle Martine.
  *Je **ne** m'appelle **pas** Martine.*
- À l'oral, on n'utilise pas souvent *ne*. À l'écrit, *ne* est obligatoire.
  C'est pas vrai.

- -

ATTENTION ! Pour répondre affirmativement à une question négative, on utilise *si* :
   – *Tu parles allemand ?*
   – *Oui, je parle allemand.*
   – *Tu ne parles pas allemand ?*
   – *Si, je parle allemand.*

5 **Répondez négativement et corrigez avec l'information entre parenthèses.**

0. – Est-ce que vous êtes professeurs ? [avocats]
   – *Non, nous ne sommes pas professeurs,*
   nous sommes avocats.
1. – Max est italien ? [américain]
2. – Est-ce que Sophie habite à Strasbourg ?
   [Bordeaux]
3. – L'amie de Pauline est née au Vietnam ? [Mali]
4. – Elles parlent espagnol ? [portugais]
5. – Est-ce qu'elle aime Jean ? [Robert]
6. – Ils travaillent chez Citroën ? [Renault]
7. – Est-ce que ton frère s'appelle Tom ? [Lucas]
8. – Il a 17 ans ? [18 ans]
9. – Aujourd'hui, on est le 30 octobre ?
   [29 octobre]

6 **Remettez dans l'ordre les éléments pour formuler une phrase négative avec *ne* et *pas*, comme dans l'exemple.**

0. travaillons / à / nous / Orléans →
   Nous ne travaillons pas à Orléans.
1. sont / clés / le / dans / sac / les
2. le / Nantes / train / de / arrive
3. portable / je / le / trouve
4. est / de français / M. Lemarre / prof
5. parlent / langues / ils / trois
6. à / née / Eleonora Abbagnato / Naples / est
7. mes / aiment / chocolat / parents / le
8. est / Camille / tunisienne
9. Madrid / habite / à / Marion Cotillard

7 **Répondez affirmativement aux questions en utilisant *si* ou *oui*.**

1. Mika n'est pas libanais ?
2. Est-ce que Mika chante en français ?
3. Eleonora Abbagnato n'est pas italienne ?
4. Est-ce qu'Eleonora a beaucoup de succès ?
5. Emma Watson est professionnelle ?
6. Emma n'est pas célèbre ?
7. Mika ne s'appelle pas Michael ?
8. Eleonora Abbagnato est danseuse ?
9. Emma Watson n'est pas née à Paris ?
10. Emma Watson est anglaise ?

▸ *C'est / Il est* (1)

> *C'est* un champion.
> Il *est* dessinateur.

- On utilise *c'est* pour identifier quelque chose ou présenter quelqu'un. Dans les situations informelles, la forme *c'est* (singulier) est utilisée à la place de *ce sont* (pluriel). La forme négative est *ce n'est pas / ce ne sont pas*.
- On utilise *c'est / ce sont* avec :
  – un nom propre.
    C'est Claude.
  – un nom accompagné d'un article, d'un adjectif possessif…
    C'est / Ce sont mes amis.
    C'est une journaliste compétente.
    C'est le livre de français.
- On utilise *il est / elle est / ils sont / elles sont* :
  – avec un nom sans article qui indique une profession.
  – avec un adjectif qui indique la nationalité, l'état civil ou la religion.
    Il est journaliste / russe / célibataire / musulman.
    Elles sont journalistes / russes / célibataires / musulmanes.

8 **Complétez avec *c'est, ce sont, il est, elle est, ils sont, elles sont*.**

1. – … Ludivine Sagnier ?
   – Oui. … française ou belge ?
2. … américaine ; … la femme de Brad Pitt ; c'est qui ?
3. Fatima et Yasmina ? … des élèves de troisième, … algériennes.
4. Regarde ! … le nouveau prof de maths. Est-ce qu' … marié ?
5. – Qui est-ce ?
   – … Paul et Jacqueline ; … architectes tous les deux.
6. – … médecins ou infirmiers ?
   – Médecins ; … des médecins très habiles.
7. – Mme Castel, je vous présente M. Durol. … mon meilleur ami ; … avocat à Nancy.

9 **Répondez aux questions en utilisant les éléments donnés, comme dans l'exemple.**

0. Qui est-ce ? [Brad Pitt, acteur]
C'est Brad Pitt, il est acteur.

1. Qu'est-ce qu'elle fait dans la vie ? [musicienne]

2. Qui est-ce ? [un médecin, suisse]

3. Qu'est-ce que c'est ? [des mouchoirs]

4. Qui est-ce ? [M. et Mme Ledoyen, avocats, québécois]

5. Quelle est leur profession ? [chanteurs]

6. Qui est-ce ? [des journalistes célèbres, américains]

7. Qui est-ce ? [Penelope Cruz, actrice, une star internationale]

8. Qu'est-ce que c'est ? [mon porte-monnaie]

9. Qu'est-ce qu'il fait dans la vie ? [infirmier]

▶ **Les verbes du premier groupe**

• Le premier groupe comprend tous les verbes qui se terminent par **-er** à l'infinitif. Ce sont des verbes réguliers car le radical ne change pas.
EXCEPTION : le verbe **aller** est irrégulier.
Au présent de l'indicatif, on ajoute au radical les désinences suivantes : **-e** / **-es** / **-e** / **-ons** / **-ez** / **-ent**.

ATTENTION ! Les terminaisons *-e*, *-es*, *-ent* sont muettes : elles ne se prononcent pas.

----

parler	habiter
je parl**e**	j'habit**e**
tu parl**es**	tu habit**es**
il/elle parl**e**	il/elle habit**e**
nous parl**ons**	nous habit**ons**
vous parl**ez**	vous habit**ez**
ils/elles parl**ent**	ils/elles habit**ent**

10 **Complétez en conjuguant le verbe entre parenthèses au présent de l'indicatif.**

1. Ce n'est pas possible ! Vous ... (*arriver*) toujours en retard.

2. Tu ... (*penser*) seulement à t'amuser !

3. Nous ... (*travailler*) huit heures par jour : c'est fatigant !

4. Elles ne ... (*manger*) pas de viande : elles sont végétariennes.

5. Je ne ... (*trouver*) pas mon sac.

6. Il ... (*étudier*) sérieusement et il a des notes excellentes.

▶ **Les verbes *aller* et *venir***

• Les verbes **aller** et **venir** sont irréguliers.

aller	venir
je vais	je viens
tu vas	tu viens
il/elle va	il/elle vient
nous allons	nous venons
vous allez	vous venez
ils/elles vont	ils/elles viennent

• *Devenir, intervenir* et *se souvenir* se conjuguent comme **venir**.
• *Appartenir, contenir* et *obtenir* se conjuguent comme **tenir** (*je tiens…*), sur le même modèle que **venir**.

11 **Complétez en conjuguant le verbe entre parenthèses au présent de l'indicatif.**

1. Elles ... (*venir*) d'un pays très froid : la Norvège.

2. Ils ... (*aller*) en vacances aux Baléares.

3. Cette phrase ... (*contenir*) une faute : trouvez-la.

4. Tu ... (*aller*) à l'école en bus ou à pied ?

5. Tu ... (*devenir*) de plus en plus arrogante !

6. Demain, je ... (*aller*) au cinéma ; vous ... (*venir*) avec moi ?

Demander et répondre poliment

1 🎧 CD • 027 Bienvenue à Bordeaux. À l'occasion d'un stage linguistique, les élèves rencontrent leur professeur. Écoutez et répondez vrai ou faux.

Le professeur	Silence, s'il vous plaît. Bienvenue à tous ! Aujourd'hui, c'est notre première rencontre et tout le monde se présente. Je commence : je m'appelle Frédéric Delaveine et j'habite à Bordeaux. À vous ! Tu veux commencer, s'il te plaît ?
Filippo	Je m'appelle Filippo ; je suis italien.
Le professeur	Et tu as quel âge ?
Filippo	14 ans.
Le professeur	Merci beaucoup, Filippo. À toi. Tu t'appelles comment ?
Klavdia	Klavdia.
Le professeur	Pardon, je n'ai pas compris : tu peux répéter ?
Klavdia	Klavdia, Claude en français. Et j'ai 14 ans aussi.
Le professeur	Et tu viens d'où ?
Klavdia	De Kiev, je suis ukrainienne.
Anja	Excusez-moi, monsieur, je voudrais vous poser une question.
Le professeur	Avec plaisir !
Anja	Est-ce que vous êtes marié ?
Le professeur	Oui. Et j'ai deux enfants.
Anja	Et vous avez quel âge ?
Le professeur	Devinez !

▶ **Les formules de politesse**

- Excuse-moi... / Excusez-moi...
- Pardon.
- S'il te / vous plaît.
- Je voudrais…
- C'est très gentil de ta / votre part.
- Merci.
- Merci beaucoup.
- Merci bien.
- Je te / vous remercie.
- De rien.
- Je t' / vous en prie.
- Il n'y a pas de quoi.
- Avec plaisir.

1. Le prénom du professeur est Delaveine.
2. Filippo vient d'Italie.
3. Klavdia est française.
4. Le professeur a des enfants.
5. Le professeur ne dit pas son âge.

2 Lisez le dialogue et relevez les formules de politesse.

3 **Qu'est-ce que vous dites dans ces situations ?**

1. Un(e) ami(e) vous remercie parce que vous lui prêtez cinq euros.
2. Une femme se pousse pour vous laisser descendre du bus.
3. Vous arrêtez un passant pour demander des informations.
4. Vous voulez que votre mère vous laisse sortir demain soir avec vos amis.
5. Un(e) ami(e) vous demande de l'accompagner pour faire les boutiques.
6. À l'arrêt de bus, vous écrasez le pied d'un monsieur.

Demander des informations personnelles

▶ Tutoyer	▶ Vouvoyer
• Tu t'appelles comment ?	• Comment vous vous appelez ?
• Quel est ton nom ?	• Quel est votre nom ?
• Tu as quel âge ?	• Vous avez quel âge ?
• Quand est-ce que tu es né(e) ?	• Quand est-ce que vous êtes né(e) ?
• Quelle est ta date de naissance ?	• Quelle est votre date de naissance ?
• Quelle est ta nationalité ?	• Quelle est votre nationalité ?
• D'où est-ce que tu viens ?	• D'où venez-vous ?
• Où est-ce que tu habites ?	• Où habitez-vous ?
• Quelle est ton adresse ?	• Quelle est votre adresse ?
• Quel est ton numéro de téléphone ?	• Quel est votre numéro de téléphone ?
• Quelle est ta profession ?	• Quelle est votre profession ?
• Qu'est-ce que tu fais (dans la vie) ?	• Qu'est-ce que vous faites (dans la vie) ?
• Est-ce que tu es marié(e) / célibataire ?	• Êtes-vous marié(e) / célibataire ?

4 Un(e) élève choisit un personnage célèbre. Pour deviner de qui il s'agit, ses camarades lui posent des questions en utilisant *vous* (*D'où venez-vous ?*). L'élève qui devine choisit à son tour un personnage ; les autres lui posent des questions en utilisant *tu* (*Tu as quel âge ?*).

5 À deux. Avec votre camarade, posez-vous des questions pour remplir le formulaire. Écrivez les réponses dans votre cahier.

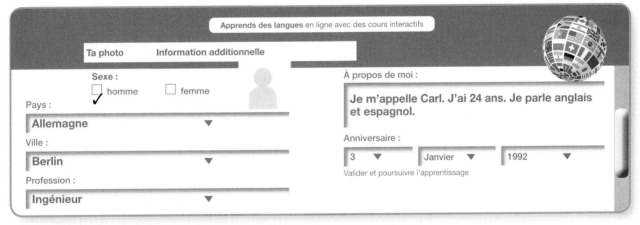

6 À deux. À partir de leur fiche d'identité, posez des questions à ces deux personnages.
DELF Vous tutoyez Calogero et vouvoyez Audrey Tautou.

Nom : Maurici
Prénom : Calogero
Nationalité : Française (parents italiens)
Lieu de naissance : Échirolles
Date de naissance : 30/07/1971
Domicile : Bruxelles
Profession : Chanteur
État civil : Divorcé

Nom : Tautou
Prénom : Audrey
Nationalité : Française
Lieu de naissance : Beaumont
Date de naissance : 9/08/1976
Domicile : Paris
Profession : Actrice
État civil : Célibataire

SÉQUENCE **1**

Qu'il est mignon !

VIDÉO
[02.30]

1 Qui sont ces trois personnages, selon vous ? Qu'est-ce qu'ils font ?

2 Regardez toute la vidéo et répondez aux questions.

1. Combien de personnes vous voyez ?
    a. Deux filles.
    b. Treize personnes.
    c. Un garçon et deux filles.

2. Ils ont quel âge ?
    a. 15-20 ans.
    b. 20-25 ans.
    c. 25-30 ans.

3. Où sont les personnages ?
    a. Dans la rue.
    b. Au bord d'une rivière.
    c. À la campagne.

4. Quels objets vous voyez ?
    a. Un casque.
    b. Un appareil photo.
    c. Une tablette.
    d. Un mobile.
    e. Un sac à dos.
    f. Un porte-monnaie.

5. Comment s'appellent les personnages ?
Les filles s'appellent ... et ... . Le garçon s'appelle ... .

3 Vrai ou faux ?

1. Les filles regardent une vidéo de l'acteur anglais Daniel Radcliffe.
2. Le garçon n'aime pas Harry Potter.
3. L'actrice anglaise Emma Watson parle français.
4. Paul Van Haver est un chanteur allemand.
5. Patricia adore Mika.

4 Regardez la première partie de la vidéo et complétez le dialogue.

Nicolas – (**1**) ... les filles !
Annette – Hé, Nicolas, salut. (**2**) ...
Nicolas – (**3**) ... et toi ?
Annette – Moi aussi. Je (**4**) ... mon amie Patricia.
Nicolas – ... !

5 À trois. **Jouez maintenant le dialogue.**

6 Regardez la deuxième partie de la vidéo pour pouvoir compléter les fiches.

Stromae

Prénom : ...
Nom : Van Haver
Date de naissance : 12 mars 1985
Âge : ...
Profession : ...
Nationalité : ...

Tal

Prénom : Tal
Nom : Benyerzi
Date de naissance : 12 décembre 1989
Âge : ...
Profession : ...
Nationalité : ...

7 Regardez encore une fois la deuxième partie de la vidéo et complétez le dialogue (dans votre cahier).

Annette — Allô ?
Homme — ... ! ... moi.
Annette — ... est à l'appareil ?
Homme — C'est bien le zéro six, trente-sept, soixante et un, ..., ... ?
Annette — ..., vous avez fait un faux numéro.
Homme — Oh, ...

8 Cherchez un autre titre pour cette vidéo.

Les trois amis [1]

Les deux amies et... l'autre [2]

Regarde ! [3]

Des célébrités [4]

La rencontre [5]

9 Qu'est-ce qui se passe après, selon vous ?

Le top des personnalités francophones

TÂCHE FINALE

POUR DÉVELOPPER VOS COMPÉTENCES-CLÉS, DANS CET ATELIER VOUS DEVREZ :

✓ utiliser l'ordinateur pour rechercher des informations sur Internet ;
✓ rédiger en français une fiche d'identité ;
✓ présenter oralement un personnage ;
✓ collaborer avec vos camarades à la création d'une présentation multimédia.

▶ Étape 1
• Formez des groupes de 3 ou 4 élèves.
• Chaque groupe cherche sur Internet quatre personnages francophones célèbres (deux hommes et deux femmes).

▶ Étape 2
• Classez les personnages dans ces rubriques :
  – artistes (chanteurs, acteurs, écrivains, peintres...)
  – sportifs
  – personnages historiques
  – autre (couturiers, mannequins, scientifiques...)

▶ Étape 3
• Préparez pour chaque personnage :
  – une fiche-portrait (nom, prénom, dates importantes, profession, pays, raisons de sa célébrité) ;
  – des photos ;
  – un élément multimédia (chanson, vidéo...).

▶ Étape 4
• Utilisez un logiciel de présentation (*PowerPoint, Libre Office Impress*...) pour créer un diaporama sur la base des fiches et du matériel multimédia.
• Présentez votre diaporama à la classe. Vous n'avez que 8 minutes à disposition !

A   B   C   D

Il est comment ?

1 À VOUS ! **Répondez à ces questions sur votre physique et votre caractère.**

1. Vous avez :   **a.** les yeux marron ou noirs.   **b.** les yeux bleus ou verts.

2. Vous préférez :   **a.** les cheveux longs.   **b.** les cheveux courts.

3. Vous êtes :   **a.** optimiste.   **b.** pessimiste.

2 Portraits. **Associez ces descriptions aux photos ci-dessus.**

1. Il est grand et costaud.

2. Elle est élancée et mince.

3. Elle est petite et rondelette.

4. Il est de taille moyenne et gros.

3 CD•028 Les voisins de Maude. **Écoutez le dialogue et répondez.**

DELF 1. La famille Ducros est composée de :

    a. trois personnes.

    b. quatre personnes.

    c. cinq personnes.

2. Quand elle parle de ses voisins, Maude décrit :

    a. leur aspect physique.

    b. leur caractère.

    c. les deux.

3. Est-ce que Maude a une bonne opinion de ses voisins ?

    a. Oui.

    b. Non.

    c. On ne sait pas.

4 **Écoutez de nouveau et identifiez les personnes dont on parle.**

1. M. Ducros

2. Mme Ducros

3. Alex

5 **Lisez le dialogue et répondez.**

Jennifer	– Alors, Maude, ça se passe comment avec vos nouveaux voisins ?
Maude	– Les Ducros ? Ça se passe très bien avec eux. Il y a une dame très gentille. Elle s'appelle Chloé. Elle est grande, sportive et a les cheveux longs. Elle ressemble à madame Leroy, notre nouvelle prof de maths.
Jennifer	– Ah oui ? Elle est sympa ?
Maude	– Oui, très. Il y a aussi deux enfants. Alex, il a notre âge. Il a l'air studieux et il est très mignon ! Il est mince et il a les cheveux blonds et bouclés comme sa mère. Noémie est encore un bébé. Elle est toute rondelette et c'est un amour, avec ses grands yeux bleus…
Jennifer	– Et leur père, il est comment ?
Maude	– Eh bien… Un grand brun aux yeux verts… Il s'appelle Marc. C'est un homme charmant et sociable. Et il est drôle avec ses lunettes rouges !
Jennifer	– Que font tes voisins, dans la vie ?
Maude	– Lui, il travaille au Ministère des Affaires étrangères : il s'occupe de la

Francophonie et de la diffusion du français ; elle, elle est institutrice à l'école maternelle.

Jennifer	– Et quand est-ce que tu me présentes le bel Alex ?
Maude	– Pensons plutôt aux exercices de maths. Mme Leroy n'est pas très généreuse dans ses notes !

1. Qui est madame Leroy ? Elle est comment ?
2. Comment est Alex ? Et Noémie ?
3. Est-ce qu'Alex ressemble à son père ?
4. Est-ce que M. et Mme Ducros travaillent ensemble ?

Observez

- Bonjour monsieur / madame / mademoiselle
- Monsieur Ducros / Madame Leroy / Mademoiselle Dulac
- Un monsieur / une dame / une demoiselle

singulier	pluriel
monsieur (M.)	**mes**sieur**s** (MM.)
madame (Mme)	**mes**dame**s** (Mmes)
mademoiselle (Mlle)	**mes**demoiselle**s** (Mlles)

6 **GRAMMAIRE Répondez aux questions.**

1. Trouvez dans le dialogue les articles contractés, puis complétez (oralement ou dans votre cahier).
   a. Il travaille ... Ministère.
   b. Pensons plutôt ... exercices de maths.
   c. Ministère ... Affaires étrangères
   d. la diffusion ... français

2. Les articles contractés se forment à partir d'une préposition et d'un article défini. Lesquels ?
   au = à + ? aux = ? + ? du = ? + ? des = ? + ?

3. Les articles *la* et *l'* se contractent-ils lorsqu'ils sont précédés de *à* ou *de* ?

▶ **Les articles contractés, p. 54**

Allô ?

7 🎧 **CD • 029** **Écoutez les conversations téléphoniques et indiquez si les affirmations sont vraies ou fausses.**

1. Maude ne va pas chez son amie Jennifer.
2. Alex n'est pas à la maison.
3. Robert a fait un faux numéro.
4. Mme Romain est absente.
5. Armand n'est pas chez lui.
6. Pour faire une réservation, vous appuyez sur la touche n° 1.

8 **Lisez les conversations et répondez aux questions de la page suivante.**

1

Jennifer	– Allô ?
Maude	– Allô, Jennifer ? Tu viens chez moi avec Caroline après votre cours de hip-hop ?
Jennifer	– Désolée, je ne peux pas.
Maude	– Pourquoi ?
Jennifer	– Parce que nous finissons vers 17 heures et après je vais chez le dentiste.
Maude	– Dommage. À demain, alors.
Jennifer	– Tchao, à demain.

2

Mme Ducros	– Allô ? Mme Ducros à l'appareil.
Maude	– Bonjour madame, c'est Maude. Alex est là ? Je ne réussis pas à le contacter sur son mobile.
Mme Ducros	– Il ne peut pas répondre parce qu'il est à la piscine. Tu veux laisser un message ?
Maude	– Non, ce n'est pas grave. Je rappelle plus tard. Au revoir.
Mme Ducros	– Au revoir, Maude.

3

Robert	– Allô, Luc ?
M. Lamboux	– Non, monsieur, vous avez fait erreur.
Robert	– Ah bon ? Ce n'est pas le 04 77 65 81 96 ?
M. Lamboux	– Non, ici c'est le 04 77 65 82 96.
Robert	– Excusez-moi, monsieur, je me suis trompé de numéro.
M. Lamboux	– De rien, au revoir.

4

La secrétaire	– ABC International, bonjour.
Philippe Durand	– Bonjour, mademoiselle. Est-ce que je pourrais parler avec Mme Romain ?
La secrétaire	– C'est de la part de qui ?
Philippe Durand	– Philippe Durand, de la Gazette du dimanche.
La secrétaire	– Ne raccrochez pas, je vérifie si elle est dans son bureau. *Mme Romain, M. Durand désire vous parler. Vous pouvez prendre la communication ? […] D'accord.* M. Durand ? Mme Romain est libre. Restez en ligne, je vous la passe.

5

Répondeur – Vous êtes bien au 03 78 91 00 41. Je suis absent pour le moment. Laissez un message après le bip sonore.

Julie – Allô, Armand ? C'est Julie. Mon train est en retard, alors je ne peux pas passer chez toi. Rendez-vous devant le cinéma. Je te passe un coup de fil quand j'arrive.

6

Bienvenue au théâtre Victor-Hugo.
Pour connaître les horaires du spectacle *Lui, il réfléchit ; elle, elle agit*, tapez 1. Pour faire une réservation, tapez 2.
Pour d'autres renseignements, ne quittez pas : un opérateur va vous répondre.

1. Où va Jennifer après son cours de hip-hop ?
2. Est-ce que Maude laisse un message à Mme Ducros ?
3. Quel est le numéro de téléphone de Luc ?
4. Est-ce que Philippe Durand rappelle plus tard ?
5. Pourquoi Julie ne passe pas chez Armand ?
6. Qu'est-ce que vous faites pour parler à un opérateur du théâtre Victor-Hugo ?

9 **Lis le SMS que Maude a écrit à Alex en transformant le pronom *on* par *nous*.**

Salut ! Caroline et moi, on est à la bibliothèque pour faire le travail de SVT. Jennifer ne peut pas venir. Tu viens nous aider, après la piscine ?
Nous, on commence à faire le plan et à chercher des images sur Internet. On est assises à l'entrée de la salle. Viens vite, s'il te plaît ! Muak

Observez

• **On** est à la bibliothèque. = **Nous** sommes à la bibliothèque.
Dans la langue courante, le pronom « nous » est souvent remplacé par « on », qui se conjugue avec la 3e personne du singulier.

L'INFO EN ✚

En France, les **numéros de téléphone** ont **dix chiffres**. Les deux premiers (de **01** à **05**) sont liés à la zone géographique.
Les indicatifs **06** et **07** sont réservés aux téléphones portables.
Les numéros de téléphone se lisent **deux par deux**.
Pour appeler depuis l'étranger, l'**indicatif international** est **+33** pour la France, **+32** pour la Belgique, **+41** pour la Suisse et **+1** pour le Canada.

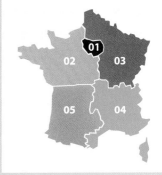

10 **À l'oral, complétez les phrases avec les mots de la liste.**

un appel • en ligne • un numéro occupé •
le répondeur • sms / textos • une sonnerie • la touche

1. Vous cherchez ... pour votre téléphone mobile ?
   Visitez le site www.dring.fr.
2. M. Grammont ? Restez ... je vous le passe.
3. Il y a ... urgent pour vous, madame.
4. Pour rappeler ... appuyez sur ... R.
5. Quand je ne suis pas chez moi, j'active ...
6. Mobile France propose un forfait à 18 euros, avec appels et ... illimités.

Mots et expressions

🎧 CD · 030 L'aspect physique

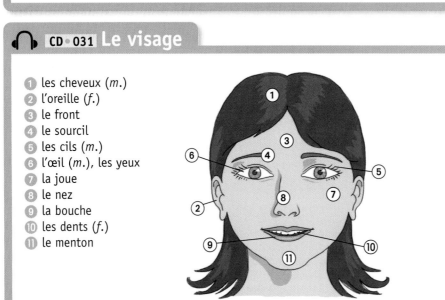

- gras / obèse
- gros
- mince
- maigre
- costaud

- musclé
- grand
- de taille moyenne
- petit

🎧 CD · 031 Le visage

1. les cheveux (m.)
2. l'oreille (f.)
3. le front
4. le sourcil
5. les cils (m.)
6. l'œil (m.), les yeux
7. la joue
8. le nez
9. la bouche
10. les dents (f.)
11. le menton

- ovale
- rond
- allongé
- carré

- un grain de beauté
- des taches (f.) de rousseur
- les oreilles décollées

- une barbe
- une moustache
- un bouc
- rasé

🎧 CD · 032 Les cheveux

- noirs
- bruns
- châtains
- roux
- blonds
- gris
- blancs
- poivre et sel

- raides
- bouclés, ondulés
- frisés
- crépus

- longs
- mi-longs
- courts
- en brosse
- chauve
- en bataille
- attachés ≠ détachés
- une queue de cheval
- une tresse, une natte
- des couettes (f.)
- une frange

🎧 CD · 033 Les yeux

- noirs
- marron
- noisette
- verts
- bleus

🎧 CD · 034 Le nez

- petit
- grand
- long
- gros
- fin
- en trompette

- crochu, aquilin
- retroussé

1 Un(e) élève fait la description physique d'un(e) camarade en 3 phrases. Les autres devinent.

Il est grand. Il a les yeux marron. Il est roux.

Elle est petite. Elle a les yeux noirs. Elle est brune.

🎧 CD•035 Le caractère

- studieux, studieuse
- indifférent, indifférente
- jaloux, jalouse
- dynamique

- affectueux, affectueuse
- aimable
- charmant, charmante
- gentil, gentille

- poli, polie
- rêveur, rêveuse
- sportif, sportive
- travailleur, travailleuse

2 Quel est le caractère ou l'état d'âme de ces personnes ? Choisissez la bonne réponse.

a. triste, malheureuse
b. sympathique
c. bavarde

a. courageuse
b. compréhensive
c. nerveuse, énervée

a. amoureux
b. drôles
c. studieux

a. sociable
b. joyeux, gai
c. antipathique, odieux

a. actif
b. autoritaire, sévère
c. timide

a. distrait
b. ennuyé
c. dynamique

3 À l'oral, complétez avec l'adjectif qui convient. Attention ! Il y a deux intrus.

ambitieux • capricieux • curieux • indépendant • indifférent • jaloux • pessimiste • vaniteux

1. Il aime la liberté et il ne dépend de personne, il est … .
2. Il contrôle les SMS de sa femme, il est trop possessif, il est … .
3. Il n'a pas de centres d'intérêt, il ne réagit pas, il est … .
4. Il pense que tout est négatif, il voit tout en noir, il est … .
5. Il aime recevoir des compliments, il est … .
6. Il veut tout savoir, il est … .

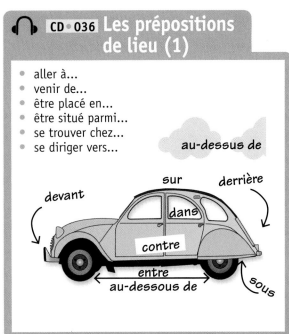

🎧 **CD ● 036 Les prépositions de lieu (1)**

- aller à...
- venir de...
- être placé en...
- être situé parmi...
- se trouver chez...
- se diriger vers...

au-dessus de

sur   derrière

devant

dans

contre

entre

au-dessous de   sous

4 **Observez le dessin et dites où se trouvent les personnes ou les objets par rapport à l'élément entre parenthèses.**

0. arbres (*jardin*)
   → Les arbres sont dans le jardin.
1. Mlle Blanchot (*M. Aumont et Claude Castel*)
2. chat (*fleurs*)
3. cheminée (*toit*)
4. Françoise (*maison*)
5. Henri (*son ami Claude Castel*)
6. Claude Castel (*Famille Estrand*)
7. vélo de Françoise (*arbre*)
8. la famille Dange (*M. Aumont*)
9. voiture (*maison*)
10. oiseaux (*ciel*)

🎧 CD•037 Les nombres à partir de 70

- 70 soixante-dix
- 71 soixante et onze
- 72 soixante-douze
- 80 quatre-vingts
- 81 quatre-vingt-un
- 82 quatre-vingt-deux
- 83 quatre-vingt-trois
- 90 quatre-vingt-dix

- 91 quatre-vingt-onze
- 92 quatre-vingt-douze
- 93 quatre-vingt-treize
- 100 cent
- 101 cent un
- 102 cent deux
- 200 deux cents
- 201 deux cent un

- 300 trois cents
- 1000 mille
- 1100 mille cent
- 1200 mille deux cents
- 1201 mille deux cent un
- 2000 deux mille
- 1 000 000 un million
- 1 000 000 000 un milliard

5 🎧 CD•038 **Écoutez et indiquez le nombre que vous entendez.**

1. Cette tablette coûte *385 / 395* euros.
2. Dernier appel pour les passagers du vol AF *6871 / 6891*.
3. La France compte plus de *66 / 76* millions d'habitants.
4. Le département de Paris porte le numéro *75 / 76*.
5. Le TGV *212 / 272* en provenance de Lyon entre en gare voie 6.
6. Mika est né en *1983 / 1993*, Eleonora Abbagnato en *1978 / 1988* et Emma Watson en *1986 / 1990*.
7. Mon numéro de téléphone est le *02 61 73 93 33 / 02 61 73 96 33*.
8. Napoléon Bonaparte est né en *1769 / 1779* et il est mort en 1821.

▶ Dire, lire, écrire

Les sons [ə] / [e] / [ɛ]

6 🎧 CD•039 **Écoutez et répétez.**

[ə] brebis – nous prenons – probablement
[e] éléphant – laisser – efficace – essence – danger – vous travaillez
[ɛ] crème – fête – français – beige – restaurant – discret

7 🎧 CD•040 **Écoutez. Est-ce que vous entendez [ə] comme dans *je suis*, [e] comme dans *bébé*, ou [ɛ] comme dans *mère* ?**

8 **Des sons aux lettres. Complétez dans votre cahier.**

1. Le son [ə] s'écrit … .
2. Le son [e] s'écrit … *ai, ei, e* + consonne double ou consonne finale prononcée.
3. Le son [ɛ] s'écrit …, …, …, *ai, e* + consonne prononcée et *e* + … à la fin d'un mot.

9 🎧 CD•041 **Lisez à voix haute, écoutez pour vérifier votre prononciation et répétez.**

1. il se lève / il s'élève
2. je répare / je repars
3. le père / les pères
4. épée / épais
5. l'effet / le fait
6. l'école / le col
7. dernier / dernière
8. d'Hélène / de laine
9. j'essaie / je sais
10. debout / des bouts

Grammaire

▶ La formation du féminin (3)

> Mme Leroy n'est pas très **généreuse**.

- Les adjectifs et les noms qui se terminent par **-er** font leur féminin en **-ère** :

  ouvrier → ouvrière, premier → première
- Pour former le féminin de certains adjectifs ou noms, on modifie la lettre finale du masculin en plus d'ajouter **-e** :

-c → -que	*turc → turque*
	mais : *grec → grecque*
	blanc → blanche
	sec → sèche
	duc → duchesse
-f → -ve	*sportif → sportive*
	mais : *bref → brève*
-x → -se	*heureux → heureuse*
	mais : *doux → douce*
	faux → fausse
	roux → rousse
	vieux → vieille

Autres cas :

dieu → déesse
frais → fraîche
long → longue
beau → belle
mou → molle
fou → folle

---

1   **À l'oral, transformez au féminin.**

1. Un chat blanc.
2. Un amoureux compréhensif.
3. Un conseiller financier.
4. Un Grec créatif.
5. Un époux jaloux.
6. Un infirmier roux.
7. Un vieux fou.
8. Un boucher fier.
9. Un veuf généreux.
10. Un jumeau naïf.

---

2   **Complétez avec les mots de la liste (oralement ou dans votre cahier). Faites les accords nécessaires.**

attentif • doux • ennuyeux • nouveau • public • sec

1. Ses notes sont excellentes parce qu'en classe elle est ....
2. Je vous présente le nouveau responsable des relations ... chez Citroën.
3. Je te conseille cette crème : elle est excellente pour la peau ....
4. Mary est une fille ... et romantique.
5. Tu connais la ... copine de Bertrand ?
6. La barbe ! Cette leçon est vraiment ... !

▶ Les articles contractés

> Il travaille **au** Ministère **des** Affaires étrangères.

- Quand les articles définis **le** et **les** sont précédés des prépositions **à** et **de**, ils se contractent :

à + le → au	à + les → aux
de + le → du	de + les → des

  *Elle va **au** cinéma.*   *Je viens **du** lycée.*
  *Il pense **aux** vacances.*   *La mère **des** enfants.*
- **À la, à l', de la** et **de l'** ne se contractent jamais.

  *Elle va **à la** piscine.*   *Je viens **de la** gare.*
  *Il pense **à l'**avenir.*   *La mère **de l'**enfant.*
- Avec les années, les heures ou avec *monsieur, madame* et *mademoiselle* suivis d'un nom propre, on utilise les prépositions simples :

  *Les événements **de** 2010.*
  *Les magasins ferment **à** 17 heures.*
  *Le chien **de** Mme Dupont.*

ATTENTION ! On utilise *au, à la, à l'* et *aux* pour indiquer une caractéristique d'une personne ou d'une chose :

  *une fille **aux** yeux verts*
  *le garçon **au** T-shirt blanc*

3 Choisissez l'option correcte.

1. Je n'aime pas la couleur *de la / du / des* nouvelle voiture de mes voisins.
2. Je voudrais parler *aux / au / des* responsable *des / de la / du* ventes.
3. J'aime les garçons *aux / au / des* cheveux bouclés.
4. Le numéro de téléphone *des / de / du* théâtre Victor-Hugo est le 01 56 78 95 81.
5. Mon prof de français veut parler *aux / à / des* mes parents et *aux / à / des* parents de Loïc.
6. Nous accompagnons Guillaume *aux / au / à l'* aéroport.
7. La fille *de la / à la / du* queue de cheval est la sœur d'Alexandre.
8. Tu aimes la forme *des / de / du* ses yeux ?

▶ **Les pronoms personnels toniques**

*Ça se passe très bien avec **eux**.*

- On parle de pronoms personnels toniques car c'est sur ces pronoms que tombe **l'accent tonique dans une phrase** :

	1ʳᵉ pers.	2ᵉ pers.	3ᵉ pers.	
			masc.	fém.
sing.	moi	toi	lui	elle
plur.	nous	vous	eux	elles

- Ces pronoms s'utilisent :
  - pour **renforcer le sujet** ou pour **souligner une opposition**. Dans ce cas, il précède le pronom sujet « normal » :
  *Dans cette famille **moi**, je travaille tout le temps et **vous**, vous regardez la télé !*
  - dans les **phrases sans verbe**, tout seuls :
  *Qui parle français ici ? **Lui**.*
  - après ***c'est*** ou ***ce sont*** :
  *C'est **vous** ?*
  - après les **prépositions** :
  *Je travaille avec / sans / pour **eux**.*
  - avec ***aussi**, **non plus*** et ***même*** :
  ***Moi** aussi, je parle anglais.*

- -

ATTENTION ! ***C'est*** s'utilise avec tous les pronoms toniques, singuliers et pluriels ; ***ce sont*** s'utilise uniquement avec *eux* et *elles*.

4 Complétez avec le pronom personnel sujet ou tonique (oralement).

0. **Moi, je** parle allemand. Et **toi** ?
1. – Marie parle bien anglais, et son frère ?
   – ... aussi, ... parle bien anglais.
2. ... ne vais plus chez ... : ... sont odieux !
3. C'est l'anniversaire de mariage de mes parents : ce cadeau est pour ... .
4. ... aussi ... viens ce soir ?
5. ..., nous sommes informaticiens. Et ..., qu'est-ce que ... faites ?
6. – Qui est cette actrice ? C'est Emma Watson ?
   – Oui, c'est ... .

▶ **Le pronom sujet *on* (*on* = *nous*)**

*Caroline et moi, **on** est à la bibliothèque.*

- ***On*** est un pronom personnel sujet qui est très souvent employé dans la langue parlée à la place de *nous*.
- Même s'il renvoie à plusieurs personnes, il se construit avec un verbe conjugué à la 3ᵉ personne du singulier.
  ***On** commence = Nous commençons.*
- Quand on veut le renforcer, on utilise le pronom tonique ***nous***.
  ***Nous, on** commence à faire le plan.*
- Quand *on* = *nous*, les adjectifs et les participes s'accordent avec le sujet représenté par le pronom.
  *On est assis**es** à l'entrée de la salle.*

5 Transformez les phrases suivantes avec *on*.

1. Nous sommes d'accord pour vous aider, nous arrivons !
2. Nous avons des voisins sympas ; nous allons souvent jouer chez eux.
3. Le lundi, nous finissons les cours à 17 heures.
4. Nous sommes super contentes d'être invitées par Stéphane.
5. Tu as le téléphone de Jennifer ? Nous, nous ne l'avons pas.
6. Nous, nous n'aimons pas le hip hop, nous préférons la danse classique.

▶ Les adverbes interrogatifs

> Et **quand** est-ce que tu me présentes le bel Alex ?

- Les adverbes interrogatifs servent à poser une question sur un élément particulier de la phrase :
  - le lieu : *où* ?
    Où tu habites ?
    Vous venez d'où ?
  - le moment, le temps : *quand* ?
    Ils arrivent quand ?
  - la façon, la manière : *comment* ?
    Comment est-ce que tu vas à l'école ?
  - la quantité : *combien* ?
    Tu pèses combien ?
    Quand *combien* précède un nom, il est accompagné de *de* :
    Combien de temps est-ce que nous avons ?
  - la cause : *pourquoi* ?
    Pourquoi tu fais du sport ?
    Pourquoi est utilisé uniquement dans la question. Pour la réponse ou pour introduire une cause, on utilise *parce que* :
    Je fais du sport parce que je veux rester en forme.
- Quand *est-ce que* n'est pas utilisé, ces adverbes peuvent être placés au début ou à la fin de la phrase interrogative (excepté *pourquoi* qui se trouve toujours au début de la question).

6 **Complétez avec l'adverbe interrogatif qui convient.**

1. ... vous êtes en retard ?
2. ... tu as mal ?
3. ... enfants a Mme Ducros ?
4. ... tu trouves mes lunettes ?
5. ... coûte ce sac à dos ?
6. ... est-ce que vous partez ?

7 **Trouvez la question.**

1. Nous allons en vacances en août.
2. Jacqueline habite à Lyon.
3. Mes amies ne viennent pas parce qu'elles sont fatiguées.
4. Paul a trois mobiles.
5. Elle porte ses cheveux attachés.
6. La tour Eiffel mesure 300 mètres.

▶ Les nombres

> Ici c'est le **04 77 65 82 96**.

- Pour écrire un nombre (en lettres) et séparer les dizaines des unités, on place un **tiret** de 17 à 99, sauf pour 21, 31, 41, 51, 61 et 71. Pour ces nombres on utilise la conjonction **et** :
  2 689 : *deux mille six cent quatre-vingt-neuf*
  23 571 : *vingt-trois mille cinq cent soixante et onze*
- *Vingt* et *cent* prennent un *-s* s'ils sont multipliés par le chiffre qui précède et s'ils ne sont pas suivis d'un autre nombre :
  600 : *six cents*
  780 : *sept cent quatre-vingts*
  mais :
  2 100 : *deux mille cent*
  689 : *six cent quatre-vingt-neuf*

ATTENTION ! Pour les pages on écrit *quatre-vingt* (= *quatre-vingtième*).

- *Mille* est toujours invariable.
- *Million* et *milliard* sont des noms et prennent normalement un *-s* au pluriel :
  deux millions   *trois milliards*

8 **Écrivez ces nombres en toutes lettres.**

1. 92
2. 580
3. 9281
4. 12 800
5. 743 086
6. 71 000 000

▶ Les prépositions de lieu

> Rendez-vous **devant** le cinéma.

- Les principales prépositions de lieu sont : **dans, en, à, de, sur, sous, devant, derrière, entre, parmi, contre, vers** et **chez**.
- Ces prépositions sont suivies directement du nom ou du pronom tonique :
  devant la porte
  vers nous
- D'autres prépositions se terminent par *de* qui introduit le nom ou le pronom :
  au-dessus de la moyenne
  au-dessous de zéro

ATTENTION ! Après *en*, le nom est employé sans article : *en classe*. Après *chez*, on trouve seulement des noms de personnes ou des pronoms : *chez le boucher*, *chez moi*.

9 **Choisissez la préposition de lieu correcte.**

1. Il habite encore *chez / parmi* ses parents ?
2. Le chat s'est caché *contre / derrière* la porte.
3. Hélène habite *dans / devant* le supermarché.
4. L'appartement d'Antoine se trouve *chez le / au-dessus du* café.
5. La dame qui habite *au-dessous de / sur* chez moi est très sympa.
6. La Belgique se trouve *entre / parmi* les Pays-Bas et la France.
7. Qui parle allemand *vers / parmi* vous ?
8. Rentrez *en / dans* classe, vite !

▶ Les verbes en *-ir* (2ᵉ groupe)

- Le deuxième groupe comprend **la plupart des verbes qui se terminent à l'infinitif par *-ir*.** Ces verbes sont **réguliers** car leur radical ne varie pas.
- Au présent, on ajoute au radical les terminaisons suivantes : ***-is / -is / -it / -issons / -issez / -issent.***

finir	choisir
je fin**is**	je chois**is**
tu fin**is**	tu chois**is**
il/elle/on fin**it**	il/elle/on chois**it**
nous fin**issons**	nous chois**issons**
vous fin**issez**	vous chois**issez**
ils/elles fin**ssent**	ils/elles chois**issent**

- Les verbes *agir, bâtir, établir, guérir, obéir, punir, réagir, réfléchir, remplir, réussir, subir, unir…* et les verbes qui indiquent une transformation physique (*grossir, maigrir, vieillir, rajeunir, grandir, pâlir, rougir…*) font partie du deuxième groupe et se conjuguent sur le même modèle.

ATTENTION ! Tous les verbes finissant en *-ir* ne suivent pas cette conjugaison. *Venir, tenir, sortir, partir, mentir, sentir, dormir, servir, mourir, courir, ouvrir, offrir* et *accueillir* appartiennent au **troisième groupe** (celui des **verbes irréguliers**). Ils seront présentés plus tard individuellement ou par sous-groupes.

10 **Complétez avec le verbe entre parenthèses.**

1. Cet enfant n'… (*obéir*) pas à ses parents.
2. Les membres de cette association … (*se réunir*) tous les jeudis.
3. Moi, je ne … (*réagir*) pas aux provocations.
4. Nous ne … (*réussir*) pas à trouver la sortie.
5. Quel modèle est-ce que vous … (*choisir*) ?
6. Tu ne … (*réfléchir*) jamais avant de parler !

▶ Le verbe *faire*

- Le verbe *faire* est irrégulier.

faire
je fais
tu fais
il/elle/on fait
nous faisons
vous **faites**
ils/elles font

(Nous) faisons se prononce [fəzɔ̃].

11 **Complétez avec le verbe *faire*.**

1. Au lycée, vous … de l'anglais ou de l'allemand ?
2. Ces élèves ne … pas beaucoup de progrès en français !
3. Cet enfant est très capricieux : il … toujours ce qu'il veut.
4. Nous … un contrôle de maths tous les mois.
5. Qu'est-ce que tu … dans la vie ?
6. Quand je … mes devoirs, je n'écoute pas de musique.
7. Les équations ne … pas partie du programme de cette année.
8. Pourquoi vous ne … pas de sport ?
9. Mon frère met la table et je … la vaisselle tous les soirs.
10. Mes grands-parents … de la natation trois fois par semaine.

Décrire l'aspect physique et le caractère

1 🎧 **CD•042 Une rencontre. Écoutez la conversation téléphonique et choisissez la bonne réponse.**

Maude	Allô, Jennifer, c'est moi. J'ai des nouvelles à te raconter. Tu sais, Alex, mon nouveau voisin…
Jennifer	Oui, bien sûr !
Maude	Eh bien… je l'ai rencontré dans l'escalier et nous avons parlé dix minutes.
Jennifer	Alors, il est comment ?
Maude	Eh bien… Il est drôle, sociable, intelligent… Et puis il est tellement mignon…
Jennifer	Le garçon parfait !!! Dix minutes de conversation et voilà le grand amour !
Maude	Je te raconte tout demain au lycée.
Jennifer	Je suis impatiente de connaître toute l'histoire. À demain.

1. Alex est :

    a. sympa et beau.

    b. extraverti mais paresseux.

    c. arrogant et vaniteux.

2. Maude est :

    a. énervée.

    b. triste.

    c. amoureuse.

3. Jennifer est :

    a. curieuse.

    b. indifférente.

    c. jalouse.

2 **Lisez ces descriptions. Qui-est-ce ?**

Léo a les yeux noisette ; son visage est ovale ; il porte une barbe rousse et il est chauve ; il a un nez crochu et les oreilles décollées.

Sophie est une jolie brune aux yeux verts ; elle a un visage allongé et un nez en trompette ; ses cheveux sont mi-longs ; ses taches de rousseur lui donnent un air très sympa.

Maurice a les cheveux courts, châtains et raides ; il porte une moustache ; son visage est carré, son nez est court et il a les yeux marron.

Claire aime porter ses longs cheveux blonds détachés, mais aujourd'hui elle porte une queue de cheval ; son visage est carré et son nez est fin ; elle a les yeux bleus et un grain de beauté.

 1    2    3    4

3 **Décrivez ces personnes et dites quel est leur état d'âme.**

 A   B    C    D    E

4 **Décrivez le caractère d'un(e) camarade en 5 phrases.**

Parler au téléphone

▶ **Au téléphone**

- Allô ?
- Je suis bien chez M. ... ?
- Je suis bien au 01... ?

- Vous avez fait erreur / un faux numéro.

- Qui est à l'appareil ?
- Je voudrais parler à...

- Est-ce que... est là ?
- C'est de la part de qui ?

- Société ..., j'écoute.
- M. ... à l'appareil.

- Ne quittez pas ! / Restez en ligne ! / Ne raccrochez pas !
- Patientez un instant, s'il vous plaît.
- Je te (vous) le (la) passe.

- Je vais rappeler plus tard.
- Je vous laisse mes coordonnées.
- Je peux laisser un message ?
- Tu veux / Vous voulez laisser un message ?

5 **Le directeur est absent ; la secrétaire répond au téléphone et prend des notes. Dans votre cahier, complétez le dialogue sur la base de la fiche ci-contre.**

La secrétaire	– (1) ... bonjour. (2) ... à l'appareil.
Une dame	– Bonjour, mademoiselle. Je voudrais parler à (3) ... s'il vous plaît.
La secrétaire	– C'est de la part de qui ?
Une dame	– (4) ..., de la (5) ... Inphoto.
La secrétaire	– (6) ..., je vérifie s'il est là. [...] Désolée madame, M. Frétel est sorti. Je peux (7) ... ?
Une dame	– Je voudrais des renseignements sur (8) ... . Mais je rappelle plus tard, vers (9) ... .
La secrétaire	– C'est noté.
Une dame	– Merci. (10) ..., mademoiselle.
La secrétaire	– Au revoir, madame.

Pour ... M. Frétel
Date ... 12 mars   Heure ... 10h25
EUROTABLET
☐ M. ☑ Mme ☐ Mlle Lagarde
Société ... Inphoto
Téléphone ... 01 78 66 93 02
Fax ...
Mobile ...
☐ a téléphoné
☐ à rappeler à .... heures
☑ rappelle à ..14.. heures
☐ urgent
Objet / Message
Demande informations sur nouvelle
tablette 56Y32
Appel reçu par Josiane

6 **À deux. Imaginez les dialogues. Puis jouez la scène.**

DELF

1

- A téléphone à B.
- C'est le père de B qui répond.
- A demande si B est là.
- Le père le lui passe.
- B salue.
- A l'invite chez lui jeudi après-midi parce qu'il n'arrive pas à faire ses devoirs d'anglais.
- B répond et salue.
- A salue.

2

- A répond au téléphone.
- B salue et demande à parler au directeur.
- A demande qui est au téléphone.
- B se présente.
- A dit à B d'attendre.
- B dit qu'il ne peut pas attendre et qu'il rappellera plus tard. Il salue.

3

- A téléphone à B et se présente.
- B répond et demande à A à qui il veut parler.
- A demande si C est là.
- B dit à A qu'il s'est trompé de numéro.
- A s'excuse et salue.

3

Le pays des

Vacances

CULTURE

La France est la **première destination touristique mondiale** depuis 1990. Les touristes viennent en France pour les paysages, le patrimoine et la gastronomie. Ils visitent la France en voiture, en TGV (Train à Grande Vitesse) ou en avion. Ils aiment beaucoup Paris, la Bretagne, les châteaux de la Loire et la région Provence-Alpes-Côte d'Azur.

BRETAGNE

MONT SAINT-MICHEL

CHÂTEAUX DE LA LOIRE

CÔTE D'AZUR

PARIS

LE MONT SAINT-MICHEL

Inscrit au **patrimoine mondial de l'UNESCO**, le Mont Saint-Michel se trouve au nord de la France entre la Bretagne et la Normandie. C'est un îlot au milieu d'une immense baie avec un village entouré de murailles. Dans ce village, se trouve une abbaye en style gothique. Chaque année, trois millions de touristes visitent le Mont Saint-Michel. C'est un **lieu de pèlerinage**, comme Rome et Saint-Jacques-de-Compostelle.

LA BRETAGNE

La Bretagne est à l'ouest de la France. Les touristes aiment découvrir les **légendes**, la langue et les traditions bretonnes. La Bretagne est la patrie d'Astérix et d'Obélix. Les **menhirs** et les **dolmens** (des grosses pierres) se trouvent également dans cette région.

LES CHÂTEAUX DE LA LOIRE

Aux XVe et XVIe siècle, les rois de France résident souvent dans la vallée de la Loire. Le roi François Ier découvre l'art italien et invite des artistes comme **Léonard de Vinci** à s'installer en France. Dans la région, les touristes peuvent visiter **300 châteaux**. Les plus célèbres sont ceux de Chenonceau, Chambord, Blois, Villandry et Amboise.

LA CÔTE D'AZUR

La Côte d'Azur est dans le sud-est de la France. Après Paris, c'est la principale destination touristique en France. En été, les touristes aiment les plages et la mer de la région. Les vacanciers visitent Nice, Saint-Tropez et Cannes. En hiver, ils peuvent assister au **Carnaval de Nice** et en mai au **Festival de Cannes** (cinéma).

Curiosité

Une ancienne légende bretonne raconte que, dans la nuit du 31 octobre, des gnomes méchants, les **Korrigans**, attirent les humains dans un monde souterrain. Cette légende ressemble à la tradition d'**Halloween**.

---

1 **Vrai ou faux ?**

1. La France est la deuxième destination touristique mondiale.
2. Il y a des menhirs en Bretagne.
3. Le Mont-Saint-Michel est inscrit au patrimoine mondial.
4. Dans la région de la Loire, les touristes peuvent visiter deux cents châteaux.
5. La Côte d'Azur est une région du Sud de la France.
6. Les Korrigans sont des personnages d'une légende bretonne.

2 **Répondez aux questions.**

1. Depuis quand la France est la première destination touristique du monde ?
2. Pourquoi les touristes visitent la France ?
3. Cherchez sur Internet. Qu'est-ce que l'UNESCO ? Quels autres sites français sont inscrits au patrimoine mondial de l'humanité ?

3 **Quelles sont les principales régions touristiques dans votre pays ?**

4

Les loisirs

1

À VOUS ! **Quels sont vos loisirs ?**

- écouter de la musique
- aller au cinéma
- aller au théâtre
- regarder la télé
- sortir avec les amis
- faire des randonnées
- faire du lèche-vitrine

- faire du sport
- faire une collection
- jouer d'un instrument
- jouer aux cartes
- lire des romans
- autres

Observez

Sports et jeux
- **jouer au** tennis / **à la** pétanque / **aux** cartes

Instruments
- **jouer du** piano / **de la** guitare / **des** cymbales

2

CD•043 Entre copains. **Philippe et André sont dans la même classe.**

DELF **Écoutez le dialogue et choisissez la bonne réponse.**

1. Les deux camarades parlent de :
   a. notes et devoirs.
   b. sports et loisirs.
   c. cours et horaires.

2. Philippe demande à André :
   a. de l'aider pour les devoirs.
   b. de s'entraîner avec lui.
   c. les deux.

3. Est-ce qu'André accepte ?
   a. Oui.
   b. Non.
   c. On ne sait pas.

4. Philippe s'entraîne :
   a. tous les après-midi.
   b. le samedi matin.
   c. trois jours par semaine.

5. André apprécie :
   a. le sport.
   b. la musique classique.
   c. les jeux vidéo.

6. André fait du sport :
   a. régulièrement.
   b. souvent.
   c. rarement.

3 Maintenant lisez le dialogue et répondez.

Philippe – Dis, André, demain après-midi tu m'aides avec les devoirs de maths ? Je les trouve très difficiles et en plus j'ai manqué le dernier cours à cause d'une compétition. La natation me prend pas mal de temps en ce moment.

André – Tu as gagné, j'espère !

Philippe – NON ! Je suis arrivé cinquième.

André – Mais, tu t'entraînes tous les jours ?

Philippe – Non, trois fois par semaine : le mardi et le jeudi après-midi de 5 heures à 7 heures et le samedi matin de 10 heures à midi.

André – C'est beaucoup ! Tu sais, moi, le sport, je n'aime pas vraiment… Tout juste un peu de beach-volley l'été quand je vais à la mer, un peu de patinage l'hiver avec mes amis, quelques randonnées au printemps et en automne…

Philippe – Quels sont tes loisirs alors ?

André – Mon loisir préféré est la lecture ; en numéro 2, il y a la musique classique ; le troisième est… aider mes copains nuls en maths !

Philippe – Je te remercie. Alors à demain, après l'école.

André – D'accord, Philippe, à demain. Et promets-moi d'arriver premier la prochaine fois !

1. Est-ce que Philippe est bon en maths ?
2. Pourquoi Philippe a manqué le dernier cours de maths ?
3. Est-ce que Philippe s'entraîne seulement l'après-midi ?
4. Quelles sont les activités favorites d'André ?

4 Mes passe-temps. Lisez le document ci-contre et répondez.

1. Qui aime…
   a. les loisirs culturels ?
   b. les activités manuelles ?
   c. faire du sport ?
   d. cuisiner ?
2. Quelle est l'activité favorite de Jack ?
3. Quels sont les films préférés de Maryam ?
4. Pourquoi Anne ne fait jamais la cuisine ?

5 GRAMMAIRE Observez la phrase suivante.

*Je ne regarde pas les émissions de télévision, je **les** trouve nulles.*

1. Qu'est-ce que remplace *les* ?
2. Cherchez dans le dialogue de l'exercice 3 et dans le forum les autres pronoms COD.
3. Ces pronoms   a. précèdent le verbe.
   b. suivent le verbe.

▶ Les pronoms personnels COD, p. 71

Quelles activités est-ce que vous aimez ?

Jack

Le dimanche matin, je fais du foot avec mes copains. J'aime beaucoup faire de l'escalade et de la randonnée et je suis fou de parachutisme : ça me donne des sensations fortes. Je vous invite à essayer au moins une fois dans votre vie.
posté le 03/06 à 10:44

Maryam

Moi, je ne suis pas très sportive. Je n'aime pas du tout courir : je préfère me promener. Je le fais tous les jours. Le week-end, je lis des romans ou des magazines, je regarde des films d'amour qui me font rêver… Par contre, je ne regarde pas les émissions de télévision, je les trouve nulles.
posté le 02/06 à 14:39

Anne

Au printemps, j'aime bien faire du jardinage avec mes enfants. Je les emmène chez ma mère et on travaille dans son potager parce qu'on adore la nature. J'aime aussi bricoler et je fais de la photographie. Mon mari cuisine. Moi, je déteste ça !
Et vous, quelle est votre passion ?
posté le 02/06 à 17:53

La routine

6 Le réveil de Martine. **Lisez le blog et répondez.**

http://leblogdemartine.wordpress.com

le blog de Martine

7 raisons de se lever le matin

Au fait, pourquoi est-ce que je me lève ?

1 Penser au petit-déjeuner. Quand je me réveille, ma première pensée est pour mon thé et mes tartines beurrées ! Je n'aime pas commencer ma journée sans faire le plein d'énergie.

2 Se brosser les dents. J'aime bien me brosser les dents après le petit-déjeuner.

3 Prendre le temps de se doucher. Ce n'est pas très écologique, mais c'est tellement agréable !

4 S'habiller avec ses vêtements préférés. Je choisis ma tenue selon mon humeur. J'adore ça !

5 Se coiffer, se maquiller. Nous, les filles, nous nous maquillons. Être belles, c'est important ! Vous, les garçons, vous vous mettez bien du gel, non ?

6 Se préparer pour aller au lycée. Avant de sortir, je regarde dans mon sac si j'ai toutes mes affaires. Je ne me sens pas à l'aise sans mes cahiers, mes clés, ma carte de bus, mon téléphone… Je déteste oublier quelque chose.

7 Plonger dans sa routine. Je file prendre le bus, je passe ma journée à l'école, je déjeune à la cantine avec mes copains. Je rentre l'après-midi à la maison, je révise mes cours… et puis, finalement, je me couche !

1. Quelle est la première chose que fait Martine quand elle se réveille ?
2. Qu'est-ce qu'elle fait après ?
3. Comment elle choisit ses vêtements ?
4. Qu'est-ce qu'elle fait avant d'aller au lycée ?
5. Quelle est la routine de Martine ?

7 **Quel est le contraire de...**

a. se réveiller   1. se coucher   2. s'étirer
b. agréable   1. désagréable   2. expressif
c. avant   1. après   2. depuis
d. J'adore ça !   1. C'est bon !   2. Je déteste ça !

8 **Que fait Paul ? Décrivez ses actions en choisissant dans la liste. Attention aux intrus !**

s'amuser • se brosser les dents • se doucher • s'étirer
prendre son petit-déjeuner • se promener • se reposer • travailler

1

2

3

4

5

6

9 🎧 CD•044 **La vie au quotidien. Écoutez et dites de quoi il s'agit.**

1. Une conversation dans un café. **2.** Un sondage. **3.** Un débat à la radio.

10 **Écoutez de nouveau et choisissez les bonnes réponses.**

DELF

1. Personne interviewée :
  a. un homme.
  b. une femme.
2. Âge :
  a. entre 20 et 30 ans.
  b. entre 30 et 40 ans.
  c. plus de 40 ans.

3. Travail :
  a. 4 jours par semaine.
  b. 5 jours par semaine.
  c. 6 jours par semaine.
4. Transport :
  a. en bus.
  b. en voiture.
  c. à pied.

5. Déjeuner :
  a. au travail.
  b. à domicile.
  c. au restaurant.
6. Activités :
  a. sportives.
  b. culturelles.
  c. sociales.

11 **Écoutez encore une fois et dessinez les heures que vous entendez dans votre cahier.**

12 **Dans les phrases suivantes, cherchez les mots qui indiquent la fréquence ; puis recopiez-les dans votre cahier par ordre décroissant.**

– Je me lève toujours vers 6 h 40.
– Parfois, je prends le bus.
– Ah, non, jamais !
– Je vais souvent dans un restaurant à côté.

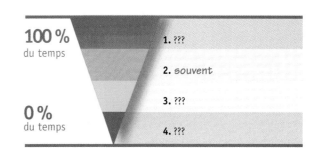

100 % du temps

1. ???
2. souvent
3. ???

0 % du temps

4. ???

13 🎧 CD•045 **Vis ma vie. Écoutez et répondez.**

DELF

1. Qu'est-ce que *Vis ma vie* ?
  a. Une émission télévisée.
  b. Une pièce de théâtre.
  c. Un film français.

2. De quoi parle *Vis ma vie* ?
  a. Un Parisien va vivre à la campagne et un paysan va vivre à Paris.
  b. Un paysan visite la capitale et raconte ses mésaventures.
  c. Deux amis partent à la découverte des villes et des villages français.

3. Quand est-ce-qu'on peut regarder *Vis ma vie* ?
  a. Le week-end.
  b. Tous les jours.
  c. Cinq jours par semaine.

4. À quelle heure commence le spectacle de l'après-midi ?

> **Observez**
> • Je **ne** vais **pas** au cinéma.
> • Je **ne** vais **jamais** au cinéma.

Mots et expressions

🎧 CD•046 **Les loisirs**

• pratiquer une activité / un sport

• faire du VTT

• faire du jardinage

• faire du théâtre

• regarder la télé(vision) / un film

• écouter de la musique

• aller à la piscine

• aller au cinéma

• aller au théâtre

• jouer au foot

• jouer aux échecs

• jouer aux jeux vidéo

- - - - - - - -

• jouer d'un instrument
• lire un livre

• danser
• surfer sur Internet

• tchatter
• faire de la peinture

1 **Complétez les phrases.**

1. J'adore … : mes livres préférés sont les romans d'aventures.
2. Ma mère adore faire … : s'occuper des plantes et des fleurs la détend.
3. Dans ma famille, tout le monde … : mon père du piano, ma mère de la harpe et moi de la guitare.
4. Elle passe tout son temps à … avec ses amis sur Internet.
5. Julie est fan de … : tous les dimanches, elle marche au moins 4 heures.
6. Je veux apprendre à … : voilà ma nouvelle raquette.

CD · 047 **Les activités quotidiennes**

- se réveiller
- se lever
- s'habiller
- se doucher
- se maquiller
- se raser
- se promener
- prendre son petit-déjeuner
- déjeuner
- dîner
- travailler
- étudier
- faire ses devoirs
- se coucher

CD•048 Le temps

- le matin
- l'après-midi (*m.*)
- le soir
- la nuit

- le week-end

- le printemps, au printemps
- l'été (*m.*), en été
- l'automne (*m.*), en automne
- l'hiver (*m.*), en hiver

CD•049 Les matières

- arts (*m.*)
- éducation physique et sportive (EPS)
- éducation civique, juridique et sociale
- français
- histoire-géo(graphie)
- langues et cultures de l'antiquité (LCA – grec et latin)
- langues vivantes

- littérature
- mathématiques (maths)
- philosophie
- physique-chimie
- sciences de la vie et de la terre (SVT)
- sciences économiques et sociales
- sciences expérimentales

2 **Répondez aux questions. En quelle saison...**

1. ...les arbres perdent leurs feuilles ?
2. ...on bronze sur les plages ?
3. ...on fête Noël ?
4. ...il commence à faire plus chaud ?

3 **Quelle matière aimez-vous si...**

1. vous adorez connaître les événements du passé ?
2. vous avez une passion pour les nombres ?
3. vous êtes curieux de connaître l'histoire de notre planète ?
4. vous aimez comprendre les phénomènes de société ?
5. vous êtes un(e) passionné(e) de sport ?
6. vous voulez devenir interprète ?

CD•050 L'heure

- Il est vingt heures.
  Il est huit heures (du soir).

- Il est vingt heures dix.
  Il est huit heures dix.

- Il est vingt heures quinze.
  Il est huit heures et quart.

- Il est vingt heures trente.
  Il est huit heures et demie.

- Il est vingt heures quarante.
  Il est neuf heures moins vingt.

- Il est vingt heures quarante-cinq.
  Il est neuf heures moins le quart.

- Il est midi.
  Il est minuit.

- Quelle heure est-il ? / Il est quelle heure ?
- Vous avez l'heure, s'il vous plaît ?
- À quelle heure... ?
- de ... heures à ... heures
- Il est tôt / tard.
- être en avance / à l'heure / en retard

🎧 **CD 051 La fréquence**

- tous les ans, les mois, les jours
- toutes les semaines, les heures
- toutes les minutes, les secondes
- tous les lundis
- tous les week-ends
- tous les après-midi
- tous les quinze jours
- toutes les deux semaines

- une fois par an, par mois, par semaine
- toujours
- souvent
- parfois, quelquefois, de temps en temps
- rarement
- jamais

4 **Associez les éléments des deux colonnes pour former des phrases correctes.**

1. Je déjeune
2. Je fais du ski
3. Je fais mes devoirs
4. Je m'entraîne
5. Je me couche
6. Je me lève
7. Je me repose
8. Je vais à la mer

a. à 23 heures.
b. à midi.
c. deux fois par semaine.
d. en août.
e. en hiver.
f. le week-end.
g. tôt le matin.
h. tous les après-midi.

5 **Écrivez 5 phrases avec une indication temporelle et/ou une indication de fréquence, une activité, un horaire.**

En été, je fais du jogging tous les jours de 17 à 18 heures.
Je vais au cinéma une fois par semaine, le samedi à 15 heures.

▶ Dire, lire, écrire

Les sons [u] / [y]

6 🎧 **CD•052 Écoutez et répétez.**

1. [u]   tout – fou – jour – beaucoup – courir
2. [y]   tu – mur – russe – lune – numéro

7 🎧 **CD•053 Écoutez. Est-ce que vous entendez [u] comme dans *tout* ou [y] comme dans *tu* ?**

8 🎧 **CD•054 Lisez à voix haute, écoutez pour vérifier votre prononciation et répétez.**

1. pu / poux
2. vu / vous
3. poule / pull
4. bourreau / bureau

5. le mur de la cour
6. Il murmure son amour.
7. Tu nous dis tout.
8. Vous parlez surtout russe.

9 **Des sons aux lettres. Complétez dans votre cahier.**

1. Le son [u] s'écrit toujours ... .
2. Le son [y] s'écrit toujours ... .

Grammaire

▶ Les adjectifs interrogatifs

> **Quelles** activités est-ce que vous aimez ?

- Les adjectifs interrogatifs *quel / quelle / quels / quelles* **s'accordent en genre et en nombre avec le mot** qu'ils accompagnent :

	masculin	féminin
singulier	quel	quelle
pluriel	quels	quelles

- Les quatre formes se prononcent de la même manière [kɛl]. Au pluriel devant une voyelle ou un *h* muet, la **liaison** est obligatoire.

> **Quel** livre ? **Quelle** école ?
> **Quels** élèves ? **Quelles** classes ?

1 **Complétez avec *quel, quelle, quels, quelles*.**

1. Vous êtes libre … jours ?
2. À … heure est-ce que tu arrives ?
3. … activités est-ce que tu aimes pratiquer le week-end ?
4. Au lycée, … est votre matière préférée ?
5. De … exposition est-ce que tu parles ?
6. … sont les sports préférés des Canadiens ?
7. À … musée est-ce que tu m'emmènes ?
8. … film d'Audrey Tautou est ton préféré ?
9. Vous aimez … matières ?
10. Tu fais du surf pendant … mois ?

2 **Demandez de préciser, comme dans l'exemple.**

0. – Je regarde un film.
   – **Quel film ?**
1. – J'adore la chanson de Tal.
2. – Il pratique des sports.
3. – Voilà ma couleur préférée.
4. – Tu me montres tes photos ?
5. – Ils font un exercice de maths.

▶ Les nombres ordinaux

> Je suis arrivé **cinquième**.

- Pour former un nombre ordinal, il faut ajouter *-ième* au nombre cardinal. Dans les nombres qui terminent par *-e*, on supprime cette voyelle pour la remplacer par *-ième* :
  *trois**ième***
  *trente et un**ième***
  *quatre-vingt-quatr**ième***
  *deux cent seiz**ième***

  mais : *un* → **premier**
     cinq → *cinquième*
     neuf → *neuvième*

  Abréviation des ordinaux :
  premier : 1er
  deuxième : 2^e
  quatre-vingt-quatrième : 84^e
  deux cent seizième : 216^e

- Il existe deux formes pour exprimer la 2e place : *second(e)*, s'il n'y a que deux éléments, et *deuxième* s'il y a plus de deux éléments. Dans la vie quotidienne, cette distinction n'est pas toujours respectée.
- Les nombres ordinaux sont des adjectifs, donc ils s'accordent avec le nom ou avec le pronom auquel ils se réfèrent :

> **Marie** est arrivée **première** et **nous** sommes arrivés **sixièmes** ex-aequo.

ATTENTION ! Pour désigner des souverains et des papes, on utilise les **nombres cardinaux**, à l'exception de *premier* :

*François Ier (premier) est le père de Henri II (**deux**).*

3 **Complétez avec le nombre ordinal.**

1. Vendredi est le … jour de la semaine.
2. Novembre est le … mois de l'année.
3. Le P est la … lettre de l'alphabet français.
4. Il a deux filles : la … est médecin et la … est journaliste.
5. Un centime est la … partie d'un euro.
6. C'est sa … médaille : encore une et ce sera la centième !

▶ L'heure

> Je me lève vers **5 heures**.

- Il faut tout d'abord distinguer :
  - l'**heure** « **officielle** », utilisée pour les transports en commun, les programmes de télévision… (de 0 à **24 heures**). On indique les minutes avec précision ;
  - l'**heure** « **courante** » (de 1 à **12 heures**). On dit souvent *quatre heures (de l'après-midi)* au lieu de *quatorze heures*.
- La structure utilisée pour exprimer l'heure est la suivante :

> il *est* + nombre + heure(s) + nombre (des minutes)

  Il est seize heures quarante.
  - le **verbe** reste au **singulier** ;
  - on emploie obligatoirement le mot ***heure(s)*** entre les heures et les minutes.
- Avec l'heure courante, on utilise : *midi, minuit, et quart, et demie, moins, moins le quart* au lieu de 12 h, 0 h, 15, 30, 45.
- Pour indiquer l'heure exacte, on peut utiliser l'adverbe *pile* ou l'adjectif *précise(s)* ; avec l'heure courante, en cas d'ambiguïté, il est possible de préciser avec les expressions suivantes : *du matin, de l'après-midi, du soir.*
- Avec les heures, on utilise les prépositions simples *à* et *de* :
  Le train de 18 heures 42 est en retard.
  La bibliothèque est ouverte de 9 h 30 à 17 h 00.

- -

ATTENTION ! À 00 h 20, on dit : *Il est zéro heure vingt* (après le zéro le nom est au singulier).

---

4 **Dites l'heure (forme officielle et forme courante).**

0. 14 h 05 Il est quatorze heures cinq.
   Il est deux heures cinq de l'après-midi.

1. 13 h 15
2. 12 h 25
3. 10 h 35
4. 16 h 30
5. 23 h 45
6. 03 h 50

---

5 **Complétez avec l'heure (forme courante) et la préposition correcte.**

1. Le film commence (21 h 00) … .
2. L'avion (07 h 20) … est arrivé à l'heure.
3. La bibliothèque est ouverte (09 h 45-17 h 15) … .
4. Les magasins ferment (12 h 00) … ou (12 h 30) … ?
5. Les trains ne circulent pas (24 h 00-04 h 00) … .

▶ Les pronoms personnels COD

> Je **te** remercie.

- Les formes des pronoms personnels complément d'objet direct (COD) sont les suivantes :

	1re pers.	2e pers.	3e pers.	
			masc.	fém.
sing.	me/m'	te/t'	le/l'	la/l'
plur.	nous	vous	les	

- Devant une voyelle ou un *h* muet, *me, te, le, la* deviennent *m', t', l'*, alors que *nous, vous* et *les* font la **liaison**.
- Les pronoms COD **précèdent** immédiatement **le verbe** :
  *Les devoirs de maths ? Je ne **les** aime pas.*

6 **Trouvez le mot qui correspond au pronom COD.**

0. Je la rencontre souvent.
   (mon voisin / ma voisine / mes voisins)
1. Elle les respecte.
   (le règlement / la norme / les règles)
2. Elles le regardent.
   (le film / la télé / les documentaires)
3. Vous ne les attendez pas ?
   (Michel / Julie / Michel et Julie)
4. Isabelle la remercie.
   (son frère / sa sœur / ses parents)
5. Jérôme les déteste.
   (le latin / la chimie / les maths)
6. Vous le traduisez ?
   (le dialogue / la phrase / les mots)

7 **Répondez en remplaçant les mots soulignés par le pronom COD qui convient.**

0. Tu connais Martine ? Oui, *je la connais.*

1. Allô, tu m'entends ? Oui, ...

2. Elle attend son frère ? Non, ...

3. Elles accompagnent leurs enfants à l'école ? Oui, ...

4. Il n'apprend pas les verbes par cœur ? Si, ...

5. Tu donnes cette tablette de chocolat à tes enfants ? Non, ...

6. Vous ne nous invitez pas à votre fête ? Si, ...

- À la forme négative, *ne* se place **après le pronom sujet et avant le pronom complément.**
  Pas se place **après le verbe** :
  je *ne* m'amuse *pas*
  nous *ne* nous excusons *pas*

Voici quelques verbes pronominaux en français :
se coucher, se dépêcher, s'habiller, s'inquiéter, se lever, se promener, se garer.

▶ **Les verbes pronominaux**

> Pourquoi est-ce que je me lève ?

- Les verbes pronominaux sont accompagnés, en plus du sujet, d'un **pronom complément qui renvoie au sujet.**

- Les pronoms compléments qui accompagnent les verbes pronominaux sont les suivants :

	singulier	pluriel
1re personne	me / m'	nous
2e personne	te / t'	vous
3e personne	se / s'	

- Devant une voyelle ou un *h* muet, *me*, *te* et *se* deviennent *m'*, *t'* et *s'*, et il faut faire la **liaison** avec *nous* et *vous* :

  je *m'*énerve, tu *te* trouves, il/elle *se* lave,
  nous *nous* excusons, vous *vous* coiffez,
  ils/elles *s'*arrêtent

s'amuser
je m'amuse
tu t'amuses
il/elle/on s'amuse
nous **nous** amusons
vous **vous** amusez
ils/elles s'amusent

8 **Répondez aux questions suivantes.**

1. – À ton avis, est-ce que je m'inquiète trop pour mes résultats scolaires ?
– Oui, ...

2. – Elles se maquillent avant de sortir le soir ?
– Non, ... : elles sont trop jeunes.

3. – Il se réveille souvent à neuf heures ?
– Non, ...

4. – Est-ce qu'ils s'habillent toujours en noir ?
– Oui, ...

5. – Tu te brosses les dents trois fois par jour ?
– Oui, ...

6. – Est-ce que vous vous amusez avec Paul ?
– Non, ...

9 **Complétez avec le verbe entre parenthèses.**

1. – À quelle heure elles ... (*se lever*) ? – À sept heures moins le quart.

2. Tu achètes un crayon khôl pour ... (*se maquiller*) ?

3. Excuse-moi, je ... (*ne pas se souvenir*) de ton nom. Comment tu ... (*s'appeler*), déjà ?

4. Nous ... (*se disputer*) parce que moi, je veux aller à la mer tandis qu'elle préfère la montagne.

5. Elle ... (*se coiffer*) toujours avant de sortir.

6. Mon frère Hugo ... (*ne pas s'énerver*) jamais. Il est très cool.

▶ **Les verbes du premier groupe en -e_er, -é_er, -eler, -eter**

> Je **préfère** me promener.

- Pour les verbes du premier groupe avec un *é* dans l'avant-dernière syllabe à l'infinitif, comme *préférer, compléter, considérer, espérer, exagérer, posséder, répéter*…, **-é- devient -è- quand il précède une syllabe muette.** Au présent de l'indicatif, cette transformation s'applique aux trois premières personnes du singulier et à la troisième personne du pluriel.
- Pour les verbes du premier groupe qui ont un *e* dans l'avant-dernière syllabe à l'infinitif, comme *se lever, peser, se promener*…, **-e- devient -è- quand il est précédé d'une syllabe muette.**

préférer	se lever
je préf**è**re	je me l**è**ve
tu préf**è**res	tu te l**è**ves
il/elle/on préf**è**re	il/elle/on se l**è**ve
nous préférons	nous nous levons
vous préférez	vous vous levez
ils/elles préf**è**rent	ils/elles se l**è**vent

- La plupart des verbes en **-eler** et **-eter** comme *appeler* et *jeter* **doublent le -l- ou le -t- devant une terminaison muette.**

appeler	jeter
j'appe**ll**e	je je**tt**e
tu appe**ll**es	tu je**tt**es
il/elle/on appe**ll**e	il/elle/on je**tt**e
nous appelons	nous jetons
vous appelez	vous jetez
ils/elles appe**ll**ent	ils/elles je**tt**ent

- Mais pour certains verbes en **-eler** et **-eter** comme *geler* et *acheter*, **-e- se transforme en -è- devant une terminaison muette.**

geler	acheter
je g**è**le	j'ach**è**te
tu g**è**les	tu ach**è**tes
il/elle/on g**è**le	il/elle/on ach**è**te
nous gelons	nous achetons
vous gelez	vous achetez
ils/elles g**è**lent	ils/elles ach**è**tent

10 **Complétez avec le verbe entre parenthèses.**

1. Les Russes … (*célébrer*) Noël la nuit du 6 au 7 janvier.
2. Je ne … (*se promener*) jamais seule.
3. Tu me … (*rappeler*) vers 5 heures ? Je suis occupé en ce moment.
4. Est-ce que vous … (*projeter*) un nouveau modèle de VTT ?
5. Nous … (*acheter*) toujours des produits frais, puis ma mère les … (*congeler*).

▶ **Le verbe *prendre***

- Le verbe *prendre* est irrégulier.

prendre
je prends
tu prends
il/elle/on prend
nous prenons
vous prenez
ils/elles prennent

- Les verbes *apprendre, comprendre, entreprendre, surprendre* se conjuguent comme le verbe *prendre*.

11 **Complétez avec le verbe entre parenthèses.**

1. Qu'est-ce que vous … (*prendre*) comme dessert ?
2. Elle ne … (*comprendre*) pas encore tout mais elle fait des progrès.
3. Au lycée, j'… (*apprendre*) deux langues étrangères.
4. Elles me … (*surprendre*) toujours avec leurs histoires.
5. Nous … (*comprendre*) parfaitement votre problème, mademoiselle.
6. Pour aller à l'école, tu … (*prendre*) le bus ou tu vas à pied ?
7. Le gouvernement … (*entreprendre*) des réformes pour réorganiser l'économie.

Parler de ses goûts et de ses préférences

▶ **Exprimer goûts et préférences**

• Je suis fou (folle) de livres / de lecture / de cinéma. • J'adore lire / le sport. • J'aime bien / beaucoup. • J'aime.	• Je n'aime pas trop. • Je n'aime pas. • Je n'aime pas du tout. • Je ne supporte pas. • Je déteste. • J'ai horreur de...	• Je préfère la musique pop. • J'aime mieux la musique classique.

1 Associez les expressions qui correspondent aux émoticônes et faites des phrases avec vos goûts personnels.

2 Classez les matières que vous étudiez par ordre de préférence, puis formez six phrases.

3 **À deux. Créez un dialogue et jouez la scène.**

DELF

- A téléphone à B et l'invite pour aller au forum des associations.
- B demande où et quand.
- A répond et dit qu'il/elle est intéressé(e) par un cours de guitare.
- B dit qu'il préfère les activités sportives et demande quelles sont les propositions.
- A répond. Il/elle demande à B quel jour il/elle préfère y aller.
- B répond et demande à quelle heure.
- A répond et dit au revoir.

4 **Observez l'affiche. Quelles sont les activités proposées par les associations ?**

- cours d'informatique
- cuisine
- tennis
- musique
- natation
- patin à roulettes
- peinture
- ping-pong
- théâtre

L'INFO EN ➕

Chaque année en France, les mairies organisent des **forums des associations**. Au cours de ces journées d'information, les associations locales (culturelles, sportives ou solidaires) présentent leurs activités et les personnes intéressées peuvent obtenir des renseignements sur les différentes initiatives et s'inscrire.

Décrire sa journée

5 Lisez le document et répondez.

P S Y C H O L O G I E S

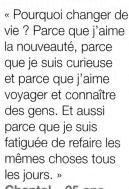

Pourquoi changer de vie?
par **Julien Perret**

Le quotidien, la routine, ils vivent cela tous les jours ! Quelques témoignages :

« Je suis jeune mais je voudrais changer de vie parce que je n'aime pas ma routine. Je me lève, je m'habille, je prends le métro, je vais au lycée, je rencontre toujours les mêmes personnes… Quand je rentre chez moi, je fais mes devoirs, je tchatte avec des copains sur Facebook… C'est sympa, mais c'est un peu répétitif. »
Alex – 16 ans

« Pourquoi changer de vie ? Parce que j'aime la nouveauté, parce que je suis curieuse et parce que j'aime voyager et connaître des gens. Et aussi parce que je suis fatiguée de refaire les mêmes choses tous les jours. »
Chantal – 25 ans

1. Quelle est la journée-type d'Alex ?
2. Comment Alex définit sa vie ?
3. Et Chantal, qu'est-ce qu'elle aime ?
4. Est-ce que Chantal est contente de sa vie ? Pourquoi ?

6 Racontez (oralement ou dans votre cahier) ce que vous faites…

1. une fois par semaine
2. tous les jours
3. le jeudi à 17 heures
4. le week-end
5. jamais

7 Racontez votre journée-type.
DELF

8 Est-ce que vous aimeriez changer quelque chose dans votre vie ? Est-ce que vous échangeriez
DELF votre vie avec quelqu'un d'autre ? Avec qui ? Pourquoi ?

SÉQUENCE 2

C'est trop cool !

VIDÉO [04.10]

1 **Regardez la photo. Qu'est-ce qu'elles font, selon vous ?**

2 **Regardez la première partie de la vidéo et répondez aux questions.**

1. Annette appelle Patricia :
   a. le matin.
   b. l'après-midi.
   c. le soir.

2. Patricia :
   a. se douche.
   b. se brosse les cheveux.
   c. se maquille.

3. Patricia va à la piscine :
   a. à treize heures.
   b. à cinq heures.
   c. à trois heures.

4. Annette et Patricia parlent :
   a. d'un garçon qui s'appelle Frédéric.
   b. d'une fille qui s'appelle Dominique.
   c. d'un camarade de classe du frère d'Annette.

5. Les filles se rencontrent :
   a. à seize heures.
   b. à dix-sept heures.
   c. à quinze heures.

6. Qu'aime faire Dominique ?

3 **Regardez encore une fois la première partie de la vidéo et complétez le dialogue.**

Patricia   Alors… il est comment, ce mec* ?
Annette   Il est (1) … , (2) … , aux yeux verts et il porte des (3) … .
Patricia   Ouais*, d'accord, mais quels sont ses (4) … ? Ses goûts ? Qu'est-ce qu'il aime ?
Annette   Ah, … euh… Dominique… il est (5) … , il adore le tennis, il fait de l'athlétisme et… il est super (6) … , (7) … , (8) … .
Patricia   Tu es tombée amoureuse de lui, c'est évident !
Annette   Non, c'est juste qu'il joue super bien (9) … !
Patricia   Et qu'il est (10) … .

* ce mec : ce garçon *(fam.)*
* Ouais : oui *(fam.)*

4 À deux. **Jouez maintenant le dialogue.**

5 **Regardez la deuxième partie de la vidéo et complétez.**

1. ... coûte trop cher.
2. ... est un peu cher.
3. ... est trop banal.
4. ... est nul.
5. Elles n'aiment pas trop ... .

6. ... est trop sérieux.
7. Annette ... le T-shirt orange, elle ... le T-shirt noir.
8. Patricia n'aime pas du tout ... .
9. Elles adorent ... .

6 **Pourquoi la casquette n'est pas le bon cadeau pour Dominique ?**

7 **A. Regardez encore une fois la deuxième partie de la vidéo et complétez le dialogue.**

Léo   Tu ne connais pas la cousine de Manon ?
Annette   Non. Elle est comment ?
Patricia Oui... Dominique... la (**1**) ... petite brune un peu (**2**) ... .
Léo   Elle est très intelligente…
Patricia …mais un peu (**3**) ... . Au fait, elle n'aime pas du tout le sport...
Léo   Elle est (**4**) ... .
Patricia … et très (**5**) ... : elle passe des heures au téléphone !
Léo   Elle est (**6**) ... et (**7**) ... . Elle est folle de cinéma et de photographie.
Patricia Ouais, elle (**8**) ... souvent en noir, elle aime (**9**) ... et (**10**) ... comme une star...

B. Choisissez un des personnages : quelle est sa journée-type ?

8 À deux. **Annette et Patricia retournent au magasin. Elles cherchent un cadeau pour la fille qui s'appelle Dominique. Elles regardent des objets, elles font des commentaires et finalement elles choisissent. Créez puis jouez le dialogue.**

Annette   Peut-être... un rouge à lèvres ?
Patricia Trop banal.
Annette   Des vêtements ? Ou alors ...

Le roman-photo de ma journée

TÂCHE FINALE

POUR DÉVELOPPER VOS COMPÉTENCES-CLÉS, DANS CET ATELIER VOUS DEVREZ :

✓ utiliser votre mobile pour documenter votre journée ;
✓ rédiger en français une liste d'actions ;
✓ utiliser l'ordinateur pour créer une présentation multimédia ;
✓ faire un exposé oral.

▶ **Étape 1**

- En classe, tirez au sort un jour de la semaine (du lundi au vendredi).
- Choisissez 10 actions que vous faites régulièrement le jour choisi et dressez la liste en français.

▶ **Étape 2**

- Prenez une photo pour chacune de ces actions avec un appareil-photo numérique ou votre portable.
- Enregistrez, si vous le désirez, des sons, des voix ou vos commentaires personnels.

▶ **Étape 3**

- Utilisez un logiciel de présentation pour créer un diaporama de votre journée-type. Chaque photo sera accompagnée de sa description et de l'indication de l'heure.
- Personnalisez votre présentation avec des sons, vos commentaires ou une musique de fond...

▶ **Étape 4**

- Présentez votre roman-photo à la classe.

5

Où faire ses courses ?

1 À VOUS ! **Répondez aux questions.**

A. Où est-ce que votre famille fait ses courses ?
 1. Dans les hypermarchés / supermarchés.
 2. Dans les supermarchés hard-discount.
 3. Dans les magasins du quartier.
 4. Au marché.
 5. Autre. Où ?

B. Quelles spécialités françaises est-ce que vous connaissez ?
 1. Le cassoulet
 2. La bouillabaisse
 3. La tarte Tatin
 4. Autre. Laquelle ?

2 🎧 CD•055 **La vie au village. Écoutez. De quels commerces parlent les habitants ?**

1. boucherie

2. boulangerie

3. bureau de tabac

4. café

5. épicerie

6. fleuriste

7. glacier

8. kiosque à journaux

9. librairie

10. marché

11. pharmacie

12. supermarché

3
DELF
Écoutez encore une fois et notez dans votre cahier le lieu où les personnes qui parlent font leur courses et pourquoi.

4 🎧 CD•056 Je voudrais... Écoutez. Quels aliments entendez-vous ?

1. baguette
2. croissant
3. escalopes
4. chocolat
5. kiwis
6. oranges
7. pain complet
8. pommes
9. poulet rôti
10. steack haché
11. tarte au citron
12. tomates

5 Trouvez dans les dialogues les synonymes des expressions suivantes :

| Je voudrais… |

| Ça fait combien ? |

| Et avec ça ? |

A. Au marché

La cliente	– Bonjour monsieur. Je voudrais des oranges, s'il vous plaît.
Le vendeur	– Vous en voulez combien ?
La cliente	– Deux kilos. Et des kiwis, vous en avez ?
Le vendeur	– Désolé, je n'ai pas de kiwis aujourd'hui. Vous désirez autre chose ?
La cliente	– Non, ce sera tout. Je vous dois combien pour les deux kilos d'oranges ?
Le vendeur	– 5 euros 80.
La cliente	– Voilà, tenez, monsieur.
Le vendeur	– Merci. Au revoir madame.

C. À la boucherie

Le boucher	– Madame, vous désirez ?
La cliente	– Du poulet…
Le boucher	– J'ai des poulets rôtis.
La cliente	– Combien ça coûte ?
Le boucher	– Seulement 9 euros. Profitez-en, ils sont excellents !
La cliente	– Très bien, j'en prends un, alors.
Le boucher	– Voilà. Vous payez en espèces ?
La cliente	– Non, par carte bancaire.

B. Chez la boulangère

La boulangère	– C'est à qui le tour ?
Le client	– À moi ! Une baguette bien cuite et un pain complet, s'il vous plaît.
La boulangère	– Et avec ceci ?
Le client	– J'aimerais aussi trois tartes au citron. Ça fait combien ?
La boulangère	– 8 euros 50. Et voilà votre monnaie. Bonne journée !

Observez

- Je vais **à la** boulangerie, **à la** boucherie, **au** supermarché.
- Je vais **chez le** boulanger, **chez le** boucher, **chez la** fleuriste.

5 — JE DÉCOUVRE

Découvrez et dégustez !

6 Lisez le document : les affirmations sont vraies ou fausses ?

DELF

http://www.festivaldumot.fr/

9ᵉ ÉDITION

LE FESTIVAL DU MOT

du **mercredi** 29 mai au **dimanche** 2 juin

Cinq jours de fête au programme !

Le Festival du Mot est organisé à La Charité-sur-Loire : le village du livre et du mot   *Office de tourisme de La Charité-sur-Loire*

Spectacles Animations Expositions Conférences Ateliers
Photographie Musique **Théâtre** Performances Cinéma Danse

Profitez
d'une centaine de jeux et de manifestations autour du langage et de la parole francophones.

Découvrez
notre village, son marché et ses 13 librairies !

Dégustez
les spécialités gastronomiques locales.

Ne manquez pas
le festival et ne venez pas seul(e) !

1. Le Festival du Mot se passe en hiver.
2. Il dure une semaine.
3. Il y a des animations artistiques.
4. Le thème du festival est la langue française.
5. Il est possible d'acheter des livres.
6. Il n'est pas possible de manger.

7 Lisez les messages ci-contre et répondez.
1. Que propose Alice à Emma ?
2. Emma peut aller au festival ce week-end ? Pourquoi ?
3. Quel jour convient aux deux amies ?
4. Pourquoi Emma doit arriver avant 12 h ?

> Salut Emma, tu es d'accord pour aller au Festival du Mot ce week-end ? C'est très intéressant et on s'amuse beaucoup.

> Coucou Alice. Désolée, je vais voir Michel samedi. Il est tellement adorable ! Mais si tu veux, je peux venir demain ou jeudi.

> Demain, c'est impossible : j'ai encore beaucoup de travail à terminer. Mais c'est bon pour jeudi. Viens avant 12 h.

> Ça marche ! Tu sais quel train je peux prendre ? Mais je ne veux pas me lever très tôt…

> Tu en as un à 9 h. Arrivée à La Charité-sur-Loire à 11 h 30. Et pique-nique à midi !

> C'est entendu. Je dois apporter quelque chose ?

> Non, ce n'est pas nécessaire. Alors, à jeudi, n'oublie pas !

8 Lisez la recette et remettez les phases dans le bon ordre.

Chez Lupita
La cuisine d'une parisienne d'adoption

Ma spécialité : l'omelette mexicaine
(elle est vraiment délicieuse !)

Ingrédients (pour 6 personnes) :
- une douzaine d'œufs
- 2 oignons
- 3 tomates coupées en cubes
- 1 poivron rouge ou vert
- 200 g de champignons
- un paquet (250 g) de fromage râpé
- de l'huile
- une pincée de sel
- du poivre
- du piment

Préparation (15 minutes) :

a Lavez et coupez les légumes en petits cubes.

b Enfin, ajoutez du piment mais n'en mettez pas trop ! Il faut servir chaud !

c Faites-les sauter 5 minutes à la poêle dans un peu d'huile. Attention : pas de beurre !

d Pour commencer, cassez les œufs dans un saladier, fouettez avec une fourchette, salez et poivrez.

e Mélangez bien puis versez les œufs battus avec le fromage. Faites cuire 5 minutes de plus.

9 **GRAMMAIRE** Lisez le document ci-dessus et répondez.
1. Dans la liste des ingrédients, trouvez les mots qui expriment une quantité indéterminée.
2. Dans la liste des ingrédients et dans la recette, trouvez les mots qui indiquent une quantité. Que trouve-t-on devant le nom ?
3. Découvrez comment on exprime une quantité nulle (0).

▶ Les articles partitifs, p. 86

10 Qu'est-ce qu'il faut faire et ne pas faire pour préparer ce plat ?
- Il faut *casser les œufs dans un saladier.*
- *Il ne faut pas …*

5

JE MÉMORISE

Mots et expressions

🎧 CD • 057 **Les aliments**

- le pain
- les pâtes (*f.*)
- le riz
- les légumes (*m.*)

- les fruits (*m.*)
- la viande
- les œufs (*m.*)
- le poisson

- le fromage
- le beurre
- le gâteau (*m.*)
- les biscuits

- le lait
- la moutarde
- le sucre
- le chocolat
- l'huile (*f.*)
- le sel, le poivre
- le miel
- le yaourt
- le vinaigre
- le piment
- la confiture

🎧 CD • 058 **Les quantités**

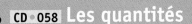

- une barquette de fraises
- une canette de jus de fruits
- une tablette de chocolat

- un paquet de chips

- un pot de confiture
- une brique de lait

- 500 grammes
  un demi-kilo
  une livre
- 1 kilo
- 1 litre
- une boîte
- une bouteille

- une douzaine
- une goutte
- une pincée
- un morceau
- un sachet
- un tube

1 **Associez les éléments des deux colonnes.**

1. un kilo de   a. coca
2. un pot de   b. foie gras
3. un tube de   c. fruits rouges
4. une barquette de   d. mayonnaise
5. une canette de   e. moutarde
6. une tranche de   f. pommes de terre

82   quatre-vingt-deux

🎧 CD 059 Les commerces et les commerçants

• le vendeur et le client

• le supermarché

• le café
• le serveur

• le marché
• le marchand de légumes

• la boucherie
• le boucher

• la boulangerie
• le boulanger

• l'épicerie
• l'épicier

• la poissonnerie
• le poissonnier

• la librairie
• le libraire

• le kiosque à journaux

• la pharmacie
• le pharmacien

• la papeterie

• la supérette
• le discount

• le glacier
• le fleuriste
• le serveur

• le bureau de tabac
• le buraliste

• le magasin de chaussures

• le magasin de vêtements, la boutique

🎧 CD 060 Demander et dire le prix

• Combien ça coûte ? / Ça coûte combien ?
• Combien ça fait ?
• Combien je vous dois (en tout) ?
• Ça coûte...
• Ça (vous) fait...
• la monnaie
• Voilà votre monnaie.

2 **Complétez avec les mots et les expressions de la liste.**

fleuriste • glacier • pharmacien • ça fait combien ? • combien ça coûte ? • combien je vous dois ? • ça vous fait • voilà votre monnaie

1. Chez le (1) ... – Une boîte d'aspirine, (2) ... ?
2. Chez le (3) ... – Voilà votre bouquet : (4) ... 22 euros.
3. – (5) ... ? – Ça fait 12 euros 50.
4. – Voilà 20 euros. – Merci madame, et (6) ...
5. Chez le (7) ... – Deux cornets vanille-chocolat. (8) ... ?

CD•061 Les services

• la banque

• le distributeur de billets

• la poste

• la bibliothèque

• la piscine

• l'aire (f.) de jeux

CD•062 Les moyens de paiement

- payer par carte bancaire, par chèque
- payer en espèces, en liquide, cash
- un billet de 20 euros
- une pièce de 20 centimes

3 Observez l'image ci-contre : quels aliments il y a dans le réfrigérateur ? Où est-ce que vous achetez ces produits ?

Il y a des yaourts ; je les achète au supermarché.

4
DELF À deux. **Choisissez trois produits vendus dans le même magasin. Précisez les quantités, les prix, le moyen de paiement. Jouez le dialogue entre le client et le vendeur.**

▶ Dire, lire, écrire

Les sons [ã] / [an]

5 🎧 **CD•063 Écoutez et répétez.**

[ã]   lent – France – prendre – jambe – employé

6 🎧 **CD•064 Écoutez et observez.**

am-biance	en-fant	a-ni-mal	fe-nêtre	di-lemme
chambre	en-semble	ca-nette	a-nnu-ler	gra-mmaire

> • La voyelle [ã] devient nasale quand dans la même syllabe elle est suivie de *n* ou *m* : on fait passer l'air en même temps par la bouche et par le nez pour former un son unique : [ã].
> • Si le [ã] et *n / nn / m / mm* ne font pas partie de la même syllabe, les deux sons se prononcent séparément : [an].
> • Les graphies *en / em* se prononcent de la même façon [ã].

7 🎧 **CD•065 Écoutez. Quel mot entendez-vous ?**

	[ã]	[an]
1.	**a.** Jean	**b.** Jeanne
2.	**a.** an	**b.** âne
3.	**a.** toscan	**b.** toscane
4.	**a.** paysan	**b.** paysanne
5.	**a.** musulman	**b.** musulmane

8 🎧 **CD•066 Lisez à voix haute, écoutez pour vérifier votre prononciation et répétez.**

1. langage	4. anniversaire	7. chameau	10. température
2. présenter	5. présence	8. semblable	11. lentement
3. rembourser	6. pendant	9. central	12. vêtements

> **ATTENTION !**
> • Rappelez-vous que la terminaison verbale -*ent* ne se prononce pas :
> *Je suis content* [kõtã] *qu'ils nous racontent* [ʀakõt] *cette histoire.*
> *Les poules du couvent* [kuvã] *couvent* [kuv].

9 **Des sons aux lettres.**

Le son [ã] s'écrit de quatre façons. Écrivez dans votre cahier au moins un mot pour chacune.

> **ATTENTION !**
> • Les groupes de lettres -*éen* et -*ien* se prononcent [eɛ̃] et [jɛ̃] :
> lycéen – européen – viens ! – algérien
> • Le groupe de lettres -*emm* se prononce [am] dans le mot *femme* et dans les adverbes de manière :
> évidemment – violemment

Grammaire

▶ Les articles partitifs

> Ingrédients : **de** l'huile, **du** poivre.

- Les articles partitifs s'utilisent pour indiquer une **quantité indéterminée**.
- Ils s'accordent en genre et en nombre avec le nom auquel ils se réfèrent :

	singulier		pluriel
	devant une consonne	**devant une voyelle**	
masculin	du	de l'	des
féminin	de la		

*Tu veux encore **de la** confiture ?*

- On fait obligatoirement la **liaison** avec l'article *des*, **devant une voyelle ou un h muet**.

ATTENTION ! En français, les articles partitifs sont obligatoires :
*Ajoutez **du** sucre et **du** lait et mélangez.*

- Les articles partitifs sont remplacés par ***de* / *d'*** :
  - après **toutes les expressions qui indiquent une quantité** (*trop, beaucoup, assez, un peu, peu, plus, moins, combien, suffisamment, un kilo, un litre…*) :
    *Combien **d'**huile il faut mettre ?*
    *Dans cette soupe, il y a **trop de** sel.*
  - dans **les phrases négatives** (*pas de* signifie « quantité nulle ») :
    *Elle **ne** mange **pas de** viande : elle est végétarienne.*
- Après le verbe ***être*, les articles partitifs ne changent pas** :
  *Ce **n'est pas de la** moutarde, c'est de la mayonnaise.*

1 Remplacez l'article défini par un article partitif.

0. Le chocolat → Je voudrais *du chocolat*.
1. Le fromage → Elle doit acheter …
2. Les œufs → Je mange …
3. Le thé → Tu prépares …
4. La confiture → Je voudrais …
5. L'eau → Vous prenez …
6. Le lait → Ils boivent …
7. La farine → Tu mets …
8. Les biscuits → Il faut acheter …

2 Complétez avec l'article partitif ou avec *de/d'*.

1. Je ne prends pas … dessert, mais … fromage.
2. Ajoute une goutte … vinaigre et un peu plus … huile.
3. Attention ! Ce n'est pas … thé, c'est … café.
4. Ce plat n'a pas … goût ! Vérifie dans la recette combien … piment il faut.
5. Tu préfères le thé avec … lait ou … citron ?
6. L'eau et le jus d'orange sont … boissons pour les enfants.

▶ Le pronom *en* (la quantité)

> Vous **en** voulez combien ?

- Le pronom invariable *en* remplace un complément d'objet introduit par :
  - un **article partitif** ou *de* :
    *Tu veux <u>du café</u> ? → Tu **en** veux ?*
    Ils n'ont pas beaucoup <u>d'amis</u>.
    *→ Ils **n'en** ont pas beaucoup.*
  - un **article indéfini** :
    Il y a <u>une</u> seule solution.
    *→ Il y **en** a **une** seule.*
  - un **nombre** :
    *Elle a fait <u>trois</u> fautes. → Elle **en** a fait **trois**.*
- *En* **précède directement le verbe** :
  Combien <u>d'œufs</u> est-ce que tu veux ?
  *→ Combien est-ce que tu **en** veux ?*
- *En* **précède l'impératif négatif** ; mais **il suit l'impératif affirmatif**, il est uni au verbe par un **trait d'union obligatoire** (▶ p. 88) :
  *Il y a déjà assez <u>de sucre</u> : n'**en** remettez pas.*
  *Tu veux encore <u>des bonbons</u> ? Prends-**en**.*
- Quand *en* est le **complément d'un infinitif**, il se place **devant l'infinitif** :
  Elles doivent faire <u>des exercices</u>.
  *→ Elles doivent **en** faire.*
  Il faut ajouter <u>un peu de sel</u>.
  *→ Il faut **en** ajouter un peu.*

3 **Demandez-vous si les mots soulignés peuvent être remplacés par *en*. Si oui, écrivez la phrase dans votre cahier.**

1. Vous désirez encore de la sauce ?
2. J'aime beaucoup cette recette de Carole.
3. Je voudrais une tablette de chocolat noir.
4. Dans ce plat il n'y a pas de beurre.
5. Ce sont des invitations pour la Disco Soupe.
6. Ils prennent quatre tickets.
7. Il mange le gâteau de sa mère.
8. Tu veux du pain ?
9. J'adore les fraises.
10. Il faut ajouter du piment à la sauce.

4 **Remettez les mots dans l'ordre pour reconstituer les phrases. Attention à la place du pronom *en* !**

1. en / encore / faites / un peu
2. achetons / en / n' / pas trop
3. combien ? / en / voulez / vous
4. en / encore / faire / il faut / un
5. achetons / deux / en / kilos
6. apportez / en / n' / plus
7. avons / beaucoup / en / nous
8. achètent / en / ils / paquet / un
9. peu / en / j' / un / voudrais
10. avoir / nous / beaucoup / en / voulons

▶ *Très* ou *beaucoup* ?

C'est **très** intéressant et on s'amuse **beaucoup**.

- On utilise *très* avec les **adjectifs** ou les **adverbes** :
  *Je suis **très** fatigué.*
  *Elle parle **très** bien français.*
- On utilise ***beaucoup*** avec les **verbes** :
  *En ce moment, nous travaillons **beaucoup**.*
- On utilise ***beaucoup de*** avec les **noms** :
  *Elles mangent **beaucoup de** pâtes.*

5 **Complétez les phrases avec *très*, *beaucoup* ou *beaucoup de*.**

1. Ce plat est ... appétissant.
2. Elle n'a pas ... imagination : elle prépare toujours les mêmes plats.
3. Évitez de manger les aliments ... salés.
4. J'aime ... l'omelette mexicaine de Lupita.
5. Pour bien digérer, tu dois mâcher ... lentement.
6. Pour préparer cette recette, il faut ... ingrédients.
7. Gérard va ... souvent à l'étranger pour son travail.

▶ La phrase négative (2)

Dans notre village, il **n'**y a **plus de** boulangerie.

- L'adverbe *pas* (▶ Unité 2) peut être remplacé par de nombreux autres mots qui précisent le sens de la négation : ***jamais*** (fréquence), ***plus*** (temps), ***rien*** (quantité)…
  *Il **ne** fait **jamais** de sport.*
  *Je **n'**ai **plus** faim.*
  *Il **n'**y a **rien** d'intéressant ici.*

6 **Répondez négativement aux questions en utilisant *plus*, *jamais* ou *rien*.**

0. – Tu as encore faim ?
   – Non, je n'ai plus faim.
1. – Tu manges souvent du chocolat ?
2. – Est-ce que tu achètes quelque chose ?
3. – Vous prenez encore du dessert ?
4. – Il y a quelque chose dans le frigo ?
5. – Ils mangent toujours des pâtes ?
6. – Est-ce qu'ils en ont encore ?
7. – Tu bois du café avant d'aller dormir ?
8. – Il s'intéresse à quelque chose ?
9. – J'ai encore soif. Et toi ?
10. – Vous allez souvent à la piscine ?

▶ C'est / Il est (2)

> Il **est** tellement adorable !
> Demain, **c'est** impossible.

- On utilise **il est / elle est / ils sont / elles sont** avec un adjectif variable qui se réfère à quelqu'un ou à quelque chose de spécifique :
  *L'exercice n° 3 ? **Il est** très facile.*
  ***Elles sont** excellentes !* (ces frites)
- On utilise **c'est** avec un adjectif qui exprime un concept générique, qui ne se réfère pas à une personne ou une chose précise ; dans ce cas, l'adjectif est invariable :
  *Avoir de bonnes notes, **ce n'est pas** toujours facile.*
  ***C'est** inadmissible !* (ce qu'il dit)
- Si l'adjectif est suivi de **de** + **infinitif** ou bien de **que** + **proposition**, dans le registre formel, on utilise *il est*, alors qu'à l'oral on utilise souvent *c'est* :
  ***Il est interdit de** fumer ici.*
  ***Il est évident qu'**elle parle bien allemand !*
  Elle est autrichienne !

7 Complétez avec *c'est* ou *il est / elle est / ils sont / elles sont*.

1. ... très bonnes, ces confitures !
2. Partir à 5 heures ? ... impossible !
3. Il ne vient pas : ... malade.
4. Manger à la carte, ... plus cher.
5. Cette recette, ... bien mexicaine, non ?
6. Ces plats ? ... dégoûtants !

▶ L'impératif

> **Ajoutez** du piment mais n'en **mettez pas** trop.

- On utilise le mode impératif pour donner des **instructions**, des **conseils**, des **ordres**.
- L'impératif n'a que trois personnes : la **2ᵉ singulier**, la **1ʳᵉ pluriel**, et la **2ᵉ pluriel**. Les formes sont généralement identiques aux formes du présent de l'indicatif.

- À l'impératif, **on n'utilise jamais de pronom sujet**.

	venir	prendre
2ᵉ sing.	viens !	prends !
1ʳᵉ plur.	venons !	prenons !
2ᵉ plur.	venez !	prenez !

- À la **2ᵉ personne du singulier**, la terminaison *-es* du présent de l'indicatif devient *-e* à l'impératif :
  Parle ! / Parlons ! / Parlez !
- La **2ᵉ personne du singulier** du verbe **aller** **perd** aussi **le** *-s* :
  Va ! / Allons ! / Allez !

ATTENTION ! Devant les pronoms *en* et *y*, l'impératif de la **2ᵉ personne du singulier** a toujours un *-s*, et on fait la liaison :
Mange du poisson ! / Manges-en !

- Quatre verbes ont une conjugaison irrégulière :

être	avoir	savoir	vouloir
sois !	aie !	sache !	veuille !
soyons !	ayons !	sachons !	= = =
soyez !	ayez !	sachez !	veuillez !

- L'**impératif négatif** s'obtient :

> ne + verbe à l'impératif + pas
> (ou bien jamais / plus)

Ne fais pas de bruit !
Ne faisons pas de bruit !
Ne faites pas de bruit !

- Pour les **verbes pronominaux**, à la **forme négative**, le pronom précède le verbe. À la **forme affirmative**, le pronom est placé après le verbe ; dans ce cas *te* devient *toi*.

s'arrêter	
arrête-**toi** !	ne **t'**arrête pas !
arrêtons-**nous** !	ne **nous** arrêtons pas !
arrêtez-**vous** !	ne **vous** arrêtez pas !

8 **Transformez les phrases à l'impératif.**

Pour faire un pique-nique écologique...

0. tu dois acheter des fruits et légumes de saison.

   Achète des fruits et légumes de saison !

1. tu dois oublier les objets en plastique.

2. tu dois utiliser des serviettes en tissu.

3. tu dois laisser la voiture au garage et prendre ton vélo.

4. tu dois profiter de la nature et faire une promenade.

5. tu dois respecter la nature et ne pas laisser de canettes vides.

6. tu dois rapporter chez toi tous les déchets du pique-nique.

9 **Transformez comme dans l'exemple.**

0. Vous devez travailler davantage.

   Travaillez davantage !

1. Vous devez mélanger les ingrédients.

2. Vous ne devez pas être inquiète, madame.

3. Vous devez prendre le train de 13 h 25.

4. Vous devez payer en espèces.

5. Vous ne devez pas avoir peur, les enfants.

6. Vous ne devez pas faire de bruit.

7. Vous devez manger cinq fruits et légumes par jour.

8. Vous ne devez pas arriver en retard.

9. Vous devez appeler les pompiers.

10. Vous ne devez pas parler trop fort.

▶ *Il faut*

Il **faut** servir chaud.

- Le verbe impersonnel *falloir* indique la **nécessité** ou l'**obligation**. Il n'existe qu'à **la 3ᵉ personne du singulier** : *il faut*.
- Il peut être suivi d'un **infinitif** ou d'un **nom** :

  Il faut dormir au moins huit heures par nuit si on veut être en forme le lendemain. Pour faire la pâte à pizza, il faut de la farine, de l'eau et du sel.

10 **Complétez en utilisant *il faut et il ne faut pas.***

0. Pour avoir de bonnes notes, il faut étudier. / il ne faut pas être paresseux.

1. Pour faire une crème caramel, ...

2. Pour arriver à l'heure, ...

3. Pour bien commencer sa journée, ...

4. Pour faire des progrès en sport, ...

5. Pour préparer une salade, ...

6. Pour poster une lettre, ...

7. Pour s'inscrire à la bibliothèque du quartier, ...

8. Pour faire du théâtre, ...

▶ Les verbes *devoir, pouvoir, savoir, vouloir*

- Les verbes *devoir*, *pouvoir*, *savoir* et *vouloir* sont irréguliers.

devoir	pouvoir
je dois	je peux
tu dois	tu peux
il/elle/on doit	il/elle/on peut
nous devons	nous pouvons
vous devez	vous pouvez
ils/elles doivent	ils/elles peuvent

savoir	vouloir
je sais	je veux
tu sais	tu veux
il/elle/on sait	il/elle/on veut
nous savons	nous voulons
vous savez	vous voulez
ils/elles savent	ils/elles veulent

11 **Complétez avec le verbe entre parenthèses.**

1. Elles ... (*vouloir*) toujours avoir raison !

2. Nous ... (*savoir*) où se trouve le restaurant.

3. Je ne ... (*pouvoir*) pas sortir avec vous ce week-end.

4. Jean-Louis ... (*devoir*) partir demain.

5. Mes amis ne ... (*pouvoir*) pas venir avec nous.

6. Est-ce que tu ... (*vouloir*) encore du pain ?

Au restaurant : commander et commenter

▶ La commande	
Le client	**Le serveur**
• Quel est le plat du jour ? • Pour moi, … • Je vais prendre… / Je prendrai… • Qu'est-ce que vous me conseillez ? • L'addition, s'il vous plaît.	• Vous avez choisi ? • Vous avez fait votre choix ? • Qu'est-ce que vous désirez ? • Qu'est-ce que vous prenez comme entrée / plat / dessert ? • Je vous recommande… • Ça vous a plu ? / Ça a été ?

1 🎧 **CD•067** Regardez le menu, écoutez le dialogue et répondez.

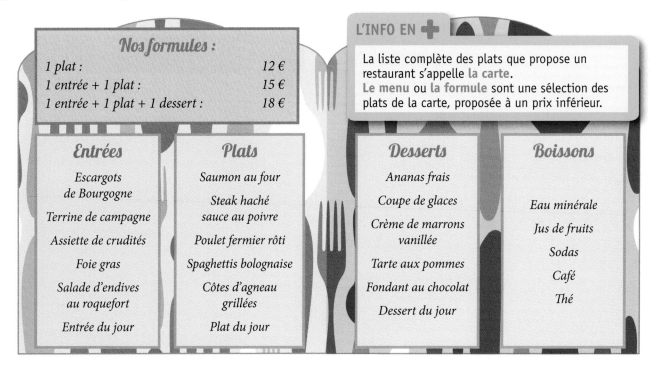

L'INFO EN ➕

La liste complète des plats que propose un restaurant s'appelle **la carte**.
Le menu ou **la formule** sont une sélection des plats de la carte, proposée à un prix inférieur.

Nos formules :

1 plat :	12 €
1 entrée + 1 plat :	15 €
1 entrée + 1 plat + 1 dessert :	18 €

Entrées
Escargots de Bourgogne
Terrine de campagne
Assiette de crudités
Foie gras
Salade d'endives au roquefort
Entrée du jour

Plats
Saumon au four
Steak haché sauce au poivre
Poulet fermier rôti
Spaghettis bolognaise
Côtes d'agneau grillées
Plat du jour

Desserts
Ananas frais
Coupe de glaces
Crème de marrons vanillée
Tarte aux pommes
Fondant au chocolat
Dessert du jour

Boissons
Eau minérale
Jus de fruits
Sodas
Café
Thé

1. Quels plats commandent les clients ?
2. Est-ce qu'ils aiment le plat du jour ?
3. Qu'est-ce qu'ils prennent comme boisson ?
4. Est-ce qu'ils prennent un dessert ?
5. Est-ce qu'ils sont satisfaits ?

▶ S'exprimer à table
• Bon appétit ! • C'est délicieux / excellent ! • Je me régale ! • Ce n'est pas assez cuit. • C'est fade / trop salé. • Il n'y a pas assez de… • Tu peux / Vous pouvez me passer le sel ? • Tu veux goûter ?

2 Qui dit ces phrases : le serveur ou le client ?

1. Vous avez choisi ?
2. Qu'est-ce que vous prenez comme entrée ?
3. Quel est le plat du jour ?
4. Et pour la cuisson ? Saignant ? À point ? Bien cuit ?
5. Je vous recommande…
6. Ça vous a plu ?
7. C'est délicieux.
8. L'addition, s'il vous plaît.

3 Formez des groupes de trois, choisissez chacun un rôle (deux clients et un serveur) et préparez le dialogue ; n'oubliez pas de commenter les plats !

DELF

Inviter et répondre à une invitation

▶ Inviter	▶ Accepter	▶ Refuser
• Je t'invite / vous invite à… • Ça te dirait de… ? • Tu peux / Vous pouvez venir… ? • Tu as / Vous avez envie de… ? • Rendez-vous à midi. • Merci de confirmer avant le 5 mai. • Pourquoi pas ?	• D'accord ! • Ça marche ! • Volontiers. • Avec plaisir. • Je veux bien. • Oui, bonne idée. • Pourquoi pas ?	• Désolé(e), mais… • Je regrette, mais… • Impossible ! • Dommage ! Je ne peux pas.

4 Lisez le post d'Alex Coco et répondez vrai ou faux.

1. Il s'agit d'une invitation.
2. Les invités doivent amener un plat préparé à la maison.
3. Les plats sont préparés avec des produits achetés au supermarché local.
4. Les soupes, les salades et les jus de fruits sont gratuits.

5 À deux. À partir du post de l'exercice n° 4, rédigez le dialogue suivant puis jouez la scène.

- **Annick** téléphone à **Thomas** pour l'inviter à la Disco Soupe annoncée dans le post.
- **Thomas** demande des précisions (lieu, heure, type de musique…).
- **Annick** répond.
- **Thomas** accepte et demande combien coûte la participation.
- **Annick** répond et propose une heure de rendez-vous.
- **Thomas** dit qu'il ne peut pas et il propose qu'ils se retrouvent un quart d'heure plus tard.
- **Annick** accepte et dit au revoir.

6 Qu'est-ce que vous dites dans les situations suivantes ?

1. Vous invitez un ami à une manifestation ou à un spectacle, etc.
   a. Ça te dirait de venir avec moi ?
   b. Venez avec moi !
2. Vous acceptez une invitation.
   a. Ça va bien !
   b. Ça marche !
3. Vous refusez une invitation.
   a. Non. Ça ne va pas.
   b. Je regrette, mais je ne peux pas.

Le pays des gourmands

Paul Bocuse, le plus célèbre des inspirateurs de la nouvelle cuisine

La France est le pays de la mode, des parfums et de la **gastronomie**.

La cuisine française est riche et variée :

▶ **les plats classiques** : la soupe à l'oignon, le coq au vin, les crêpes...

▶ **les spécialités régionales** : le bœuf bourguignon, le cassoulet toulousain, la ratatouille niçoise, la quiche lorraine, la choucroute alsacienne...

▶ **les fromages** : il y en a plus de 300 variétés.

▶ **la baguette**.

En France, le repas est un moment très important et convivial, surtout les jours de fêtes et le dimanche. Pendant la semaine, les Français ont moins le temps pour faire la cuisine, ils mangent « sur le pouce ».

LA « NOUVELLE CUISINE »

La « nouvelle cuisine » est née au début des années 1970. C'est une révolution dans la gastronomie française : les aliments sont cuits rapidement pour conserver les saveurs, les sauces sont moins riches, les portions sont plus petites et les assiettes sont bien présentées. C'est un succès mondial.

Curiosité

En 2010 l'UNESCO a proclamé le « **repas gastronomique des Français** » patrimoine immatériel de l'humanité.

LES CUISINES NOUVELLES

Les Français apprécient beaucoup les traditions culinaires étrangères. Aujourd'hui, il existe de nombreux restaurants ethniques en France : chinois, vietnamiens, thailandais, libanais,... Les jeunes français préfèrent les *fast-food*, d'origine américaine et le kebab d'origine turque car cette restauration est rapide et pas chère.

Depuis quelques années, les restos japonais sont à la mode. Les Français apprécient le poisson cru. Aujourd'hui, 17 % des commandes de sushi sont passées sur smartphone et 50 % sur Internet.

UNE RECETTE
LA PÂTE À CRÊPES

1. Mettez 250 g de farine dans une terrine. Faites un puits et cassez-y 3 œufs entiers.

2. Ajoutez 40 g de beurre fondu, une pincée de sel et un peu de lait. Travaillez énergiquement la pâte avec une cuillère.

3. Ajoutez progressivement un demi-litre de lait ; la pâte doit devenir homogène et sans grumeaux.

4. Laissez reposer la pâte pendant 1 heure, recouverte d'une serviette.

5. Versez une louche de pâte dans la poêle bien chaude, et faites dorer chaque crêpe des deux côtés.

---

1 **Vrai ou faux ?**

1. La cuisine française est uniforme.
2. Pendant la semaine, les Français n'ont pas beaucoup de temps pour faire la cuisine.
3. La « nouvelle cuisine » a changé la manière de préparer les plats.
4. La « nouvelle cuisine » utilise des sauces très riches.
5. Les Français aiment beaucoup les restaurants ethniques.
6. Pour préparer la pâte à crêpes, il faut du lait, de la farine et du sucre.

2 **Répondez aux questions.**

1. L'expression « manger sur le pouce » signifie...
   a. ne pas manger le midi.
   b. manger rapidement, sans se mettre à table.
   c. dîner au restaurant avec ses amis.

2. Associez un plat avec sa région.
   a. Le bœuf bourguignon
   b. Le cassoulet toulousain
   c. La ratatouille niçoise
   d. La quiche lorraine
   e. La choucroute alsacienne

   1. La ville de Nice
   2. L'Alsace
   3. La Bourgogne
   4. La ville de Toulouse
   5. La Lorraine

3. Pourquoi le *fast-food* et le *kebab* ont beaucoup de succès ?

4. **Cherchez sur Internet.** Qu'est-ce que le *patrimoine immatériel de l'humanité* ?

3 **Quels sont les plats nationaux ou régionaux dans votre pays ?**

Curiosité

Les crêpes sont connues dans le monde entier, mais en réalité les Français distinguent les **galettes** (salées, à base de farine de sarrasin) des **crêpes** (sucrées, à base de farine de blé).

6

Tout le monde s'amuse

1 À VOUS ! **Répondez aux questions.**

A. Qu'est-ce que vous faites pendant le week-end ?

B. Quelles activités préférez-vous pour des sorties en famille et des sorties entre amis ?

2 🎧 **CD•068** Sortir à Lille. **Écoutez et choisissez la bonne réponse.**

Ce document est :

a. un dialogue entre amis.

b. un sondage téléphonique.

c. une émission de radio.

3 **Écoutez encore une fois et lisez. Qu'est-ce qu'on peut faire à Lille pendant le week-end ?**

Journaliste   Tout au long de l'année, Lille vous accueille avec son vaste panorama d'activités culturelles, de concerts, de débats et de conférences. Quelques suggestions pour ce week-end ? Le festival européen du court-métrage attend les amoureux du septième art. Les nostalgiques vont pouvoir découvrir l'exposition sur l'inoubliable chanteuse et compositrice Barbara ; ça se passe au château de l'Hermitage à quelques kilomètres de la ville. Passionnés d'animaux ? Pas de problème : les samedis et les dimanches les portes du Musée d'histoire naturelle restent ouvertes. Et bien sûr, on peut toujours aller boire un verre dans un bar de la rue Masséna ; ou bien faites-vous plaisir et essayez les meilleures brasseries du centre-ville. Alors, chers auditeurs, comment est-ce que vous allez passer cette fin de semaine ?

Élodie   Nous, on va à l'opéra. Et dimanche, on va voir un spectacle de danse.

Journaliste   Et toi, tu vas sortir toi aussi ?

Jacques   Oui, je sors avec mes amis, mais on n'a pas encore décidé où.

1. aller à l'opéra
2. aller au cinéma
3. assister à un ballet
4. assister à un spectacle de théâtre
5. dîner dans des brasseries
6. écouter une conférence
7. faire du sport en plein air
8. participer à une visite guidée
9. sortir dans les bars
10. sortir en boîte
11. visiter une exposition
12. visiter un musée

4 S'amuser à Montréal. **Lisez et répondez aux questions.**

http://www.montreal.com

*Vous souhaitez sortir en famille à Montréal : où aller ? quoi faire ? quoi voir ?
Des Montréalais ont testé plusieurs activités, ils vous racontent leurs sorties !*

Ils ont fait :

Sophie

du patin à glace à la patinoire du Vieux-Port
La semaine dernière, je suis allée à la patinoire avec mes deux enfants et mon mari. Attention, il y a beaucoup de monde le week-end : essayez d'arriver tôt ! Nous, on a fait la queue pendant une heure et demie ! 😞

François

Il y a trois jours, mes filles sont retournées à la patinoire du Vieux-Port. Ce n'est pas cher : elles ont payé 5 dollars pour un après-midi de plaisir ! Profitez-en parce que la patinoire va fermer dans quinze jours. 🙂

des manèges au parc d'attractions *La ronde*
On m'a conseillé le parc *La ronde*. J'y suis allé hier avec mes cousins et mon oncle. Les montagnes russes inversées sont géniales ! On s'est bien amusés !

Thierry

Ils sont allés :

Sandie

au musée Pointe-à-Caillère
Ce matin, on a choisi d'aller au musée Pointe-à-Caillère avec ma grand-mère et mes parents. Nous avons découvert l'histoire de Montréal et nous ne nous sommes pas ennuyés. À voir !

Hugo

au jardin botanique
Avant-hier, avec ma tante et ma sœur, on est allés au jardin botanique. Pour moi, c'est trop grand et on s'ennuie un peu !

au Biodôme
C'est un petit zoo au centre de la ville. J'ai visité le Biodôme le mois passé, avec mon beau-père et ma mère. C'est super : on découvre la faune et la flore de notre pays.

Sylvain

1. Qui a vu des animaux ? Où ? Avec qui ?
2. Qui a découvert le passé de Montréal ? Où ? Avec qui ?
3. Où est allée Sophie ? Avec qui ? Pourquoi elle n'est pas entièrement satisfaite ?
4. Qui est très satisfait de la patinoire ? Pourquoi ?
5. Qui est allé à un parc d'attractions ? Avec qui ?
6. Où est allé Hugo ? Avec qui ? Est-ce qu'il s'est amusé ?

Observez

- **Il y a trois jours**, mes filles <u>sont retournées</u> à la patinoire du Vieux-Port.
- La patinoire <u>va fermer</u> **dans quinze jours**.

5 **Relevez les expressions utilisées pour situer les événements dans le passé (*la semaine dernière...*), puis donnez-les dans l'ordre chronologique.**

6 **GRAMMAIRE** **Observez les phrases suivantes et répondez oralement.**

Nous avons découvert l'histoire de Montréal.
Mes filles sont retournées à la patinoire du Vieux-Port.

1. Quel est le temps verbal des phrases ? **a.** Le présent **b.** L'imparfait. **c.** Le passé composé.
2. Le passé composé se forme avec le présent de l'auxiliaire ... ou ... suivi du participe passé.
3. Avec l'auxiliaire ..., le participe passé ne s'accorde pas avec le sujet.
4. Avec l'auxiliaire ..., le participe passé s'accorde avec le sujet.

▶ **Le passé composé, p. 104**

Les ados au quotidien

7 Une réunion de famille. **Lisez le texte et repérez les noms des membres de la famille Daumont qu'on voit dans chaque photo.**

Je m'appelle Anne, j'ai 15 ans et je suis en Seconde, au Lycée de Rennes. Voulez-vous feuilleter mon album de famille avec moi ?

1ʳᵉ photo. Sur la première photo, vous voyez mon frère Paul, qui a 13 ans ; il va au collège et c'est une vraie peste. Mais je l'aime bien. Ma mère s'appelle Laure et elle est interprète ; mon père, Peter, est d'origine anglaise et il est musicien. Mes parents se sont connus puis mariés il y a 15 ans, à Londres.

2ᵉ photo. La dame avec le foulard, c'est tata Helen ; c'est la sœur cadette de mon père ; elle habite à Brighton, avec son fils Alfred et sa fille Judith. Maman s'entend très bien avec sa belle-sœur et elles parlent tout le temps anglais !

3ᵉ photo. Le monsieur avec la chemise bleue est le frère aîné de maman, oncle Henri ; la dame blonde est sa deuxième femme, Marie-Claire ; ils travaillent ensemble : lui, il est architecte et elle, elle est décoratrice d'intérieur. Ils ont deux enfants, Marthe et Marc ; mon cousin joue du piano et c'est le neveu préféré de mon père. Sur la photo, il y a aussi mon grand-père Jean-Charles et ma grand-mère Sylvie ; j'adore passer le week-end chez mes grands-parents : papi a travaillé à la télé et mamie est une ancienne danseuse de l'Opéra : ils racontent toujours des anecdotes curieuses.

4ᵉ photo. Reste tonton Lucas : c'est l'autre frère de maman, il est célibataire et c'est mon parrain. Il est super sympa et il m'appelle « sa nièce aux yeux pétillants » !

L'INFO EN ➕

Pour désigner les membres de la famille de son mari ou de sa femme, en français on utilise les adjectifs **beau**, **belle**, **beaux**, **belles** : par exemple, la **belle-sœur** et le **beau-père** sont la sœur et le père du conjoint ; on désigne de la même manière les parents ou les enfants adoptifs.

A

C

B

D

8 Le look des ados expliqué aux parents. Lisez et associez chaque vêtement ou accessoire au look correspondant.

Emo kid

Votre fille adore l'allemand ? Elle est certainement fan de Tokio Hotel, le groupe préféré des emo kids. Côté look, on associe le noir avec des chaussettes ou des collants colorés. À noter le côté enfantin des accessoires et du comportement.

» **Ils/elles aiment :** les porte-clés à tête de mort.
» **Ils/elles détestent :** le rose.

1

Basique

Votre fille n'a pas de look particulier ? Faux ! Avec un jean, un T-shirt et des baskets, elle a choisi son style, le basique, et l'attitude « no logo », c'est-à-dire porter des vêtements sans marque. À méditer.

» **Ils/elles aiment :** la simplicité.
» **Ils/elles détestent :** tout ce qui est tape-à-l'œil.

2

Gossip girl

C'est le look des séries américaines type *Sex and the city*, où les personnages principaux sont des *fashion victims* qui se promènent avec des lunettes et des sacs griffés, robes élégantes et talons aiguilles.

» **Elles aiment :** être impeccables en toute circonstance.
» **Elles détestent :** les vêtements démodés.

3

Néo-rocker

Votre ado sait probablement tout sur BB Brunes, le groupe français de rockers romantiques. Un manteau court et un foulard, c'est tout à fait normal pour ces garçons tendance poète solitaire, qui ne cachent pas leur côté « enfant-de-bonne-famille ».

» **Ils aiment :** la poésie.
» **Ils détestent :** les vêtements de sport.

4

a.   b.   c.   d.   e.   f.   g.   h.

9 Regardez les photos de la famille Daumont et répondez (plusieurs réponses possibles).

1. Qui porte un imperméable ?
2. Qui porte un pull ?
3. Qui porte un jean ?
4. Qui porte un manteau court ?
5. Qui porte un T-shirt rayé ?
6. Qui porte une chemise jaune ?

Mots et expressions

CD•069 Les sorties

- un opéra

- un cinéma

- un débat

- un festival

- un musée

- un théâtre

- une exposition
- une discothèque, une boîte
- un restaurant, un resto, une pizzeria
- un bar, un café, un pub

- un concert (de jazz, rock, pop...)

1 Recopiez la grille de mots croisés dans votre cahier et remplissez-la.

Horizontalement
1. On y projette des films.
3. Il y en a un à Cannes.
5. Exhibition d'un musicien.
7. Discussion publique.
8. On y représente des œuvres lyriques.

Verticalement
2. On y conserve des œuvres d'art.
4. On y va pour danser.
6. Salle de spectacles.

CD•070 Situer dans le temps

- aujourd'hui
- demain
- après-demain
- dans un mois
- l'année prochaine
- bientôt

- hier
- avant-hier
- il y a trois jours
- la semaine dernière / passée

2 Remettez ces phrases dans l'ordre chronologique.

- Aujourd'hui, c'est l'anniversaire d'Yves.
- Dans deux semaines, on va partir en vacances.
- Elles ont obtenu leur diplôme le mois dernier.
- Hier, tu as oublié de m'appeler. Pourquoi ?
- J'ai rencontré Karima il y a quinze jours.
- Qu'est-ce que vous allez faire la semaine prochaine ?

CD • 071 La famille (2)

- Les parents : le père (papa) et la mère (maman)
- Les enfants : le fils et la fille
- Les grands-parents : le grand-père (papi) et la grand-mère (mamie)
- Les petits-enfants : le petit-fils et la petite-fille
- Le frère et la sœur
- L'aîné(e) et le cadet, la cadette
- L'oncle (tonton) et la tante (tata, tatie)
- Le neveu et la nièce
- Le cousin et la cousine
- Le mari et la femme
- La belle-famille
- Les beaux-parents : le beau-père et la belle-mère
- Les beaux-enfants : le gendre et la belle-fille (ou la bru)
- Le beau-frère et la belle-sœur
- Le parrain et la marraine

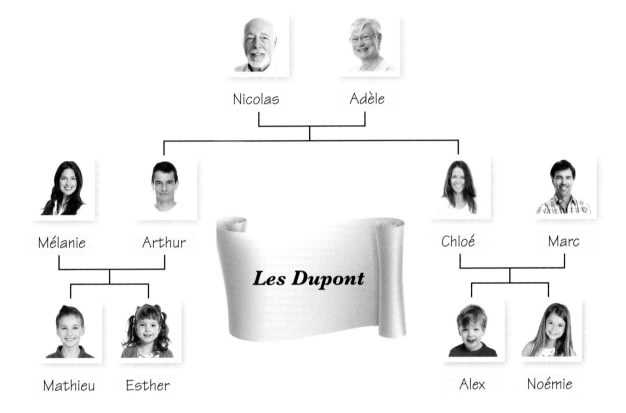

Nicolas   Adèle

Mélanie   Arthur

Les Dupont

Chloé   Marc

Mathieu   Esther

Alex   Noémie

3 Observez l'arbre généalogique et à l'oral, complétez avec le lien de parenté.

1. Adèle est ... de Marc.
2. Arthur est ... d'Alex.
3. Chloé est ... d'Esther.
4. Esther est ... d'Alex.
5. Marc est ... d'Arthur.
6. Mathieu est ... de Chloé et Marc.
7. Mélanie est ... de Nicolas et Adèle.
8. Nicolas et Adèle ont quatre ...
9. Nicolas et Adèle sont ... d'Esther.
10. Noémie est ... de Mélanie.

4 Le professeur choisit deux membres de la famille Dupont. L'élève qui formule une phrase avec le lien de parenté correct gagne un point.

CD • 072 Les vêtements et les accessoires

- un jean
- les sous-vêtements (*m.*)
- un manteau
- un survêtement
- un anorak
- un blouson
- une écharpe
- un maillot de bain
- une casquette
- un chapeau
- un pull
- un bermuda
- une chemise
- des chaussettes (*f.*)
- un débardeur
- un costume
(un pantalon + une veste)
- un short
- les collants (*m.*)
- une (mini-)jupe
- des chaussures (*f.*)
- des escarpins (*m.*)
- des bottes (*f.*)
- des baskets (*f.*)
- des tennis (*f.*)
- des bijoux
- une ceinture
- une cravate
- une montre
- une robe
- un chemisier
- les bas (*m.*)
- un tailleur

5 Recopiez la grille dans votre cahier et continuez à la remplir avec d'autres noms de vêtements et d'accessoires (à trouver dans la page précédente ou dans le dictionnaire).

	pour hommes et femmes	pour hommes	pour femmes
Vêtements	un pull	un costume	une mini-jupe
Accessoires	une écharpe	une cravate	des bas

▶ **Dire, lire, écrire**

Les sons [ɔ̃] / [ɔn]

6 🎧 CD•073 **Écoutez et répétez.**

[ɔ̃]   garçon – bon – fond – ombre – marron – compter

7 🎧 CD•074 **Écoutez et dites si vous entendez le son [ɔ̃].**

> La bonne prononciation de la voyelle est fondamentale pour distinguer les formes du masculin et du féminin.

8 🎧 CD•075 **Écoutez et répétez.**

bon [ɔ̃] / bonne [ɔn]   breton [ɔ̃] / bretonne [ɔn]   champion [ɔ̃] / championne [ɔn]

9 🎧 CD•076 **Lisez à voix haute, écoutez pour vérifier votre prononciation et répétez.**

1. baron
2. baronne
3. connaître
4. corrompre
5. maison
6. maisonnette
7. pardon
8. pardonner
9. personnel
10. pompon

10 **Des sons aux lettres. Complétez dans votre cahier.**

Le son [ɔ̃] s'écrit ... ou bien ... .

> **ATTENTION!** Les lettres finales -*um* se prononcent [ɔm], comme dans *pomme*, dans les mots latins et dans certains mots d'origines étrangères.

11 🎧 CD•077 **Écoutez et répétez.**

album – aquarium – auditorium – chewing-gum – forum – géranium – minimum – maximum – référendum – rhum

Grammaire

▶ Les adjectifs démonstratifs

> Quelques suggestions pour **ce** week-end ?

- Les adjectifs démonstratifs s'accordent en genre et en nombre avec le nom qu'ils précèdent.

	masculin	féminin
singulier	ce / cet	cette
pluriel	ces	

- On utilise *ce* devant un **nom masculin singulier** qui commence par une **consonne** ou un *h* **aspiré** :
  ce garçon   ce héros
- On utilise *cet* devant un **nom masculin singulier** qui commence par une *voyelle* ou un *h* **muet** :
  cet arbre   cet hôtel
- *Cette* ne s'apostrophe jamais.
  Avec *ces*, la liaison est obligatoire.
- Si c'est nécessaire, on peut ajouter après *ce* le suffixe *-ci* (pour indiquer la **proximité**) ou *-là* (pour indiquer l'**éloignement**) :
  Je vous conseille **cette exposition-ci** *;* **cette exposition-là** *est moins intéressante.*

1 **Reprenez les mots soulignés avec les adjectifs démonstratifs *ce*, *cette*, *cet* ou *ces*.**

0. Les restaurants de Lille proposent des plats typiques. **Ces restaurants** sont très appréciés.
1. Il y a beaucoup d'animation dans la ville de Montréal. Dans …, on ne s'ennuie jamais.
2. *Carmen* est un opéra de Georges Bizet. Le public adore … .
3. Le spectacle a lieu le samedi 20 juin, à l'espace Bouillon d'art. … accueille les petits et les grands.
4. Les plats du restaurant « Chez Robert » sont absolument délicieux ! … sont faits maison.

5. L'exposition « Barbara » a attiré beaucoup de visiteurs. … va être prolongée jusqu'au 15 avril.
6. On a vendu tous les billets pour le concert de Stromae. Je n'ai plus trouvé de places pour … .

▶ La formation du féminin (4)

> L'inoubliable **chanteuse** et **compositrice** Barbara.

- Les noms et les adjectifs qui se terminent en *-eur* font leur féminin en *-euse* :

> *-eur* → *-euse*   coiff**eur** → coiff**euse**
> collectionn**eur** → collectionn**euse**

EXCEPTIONS : *meilleur(e), antérieur(e), extérieur(e), inférieur(e), intérieur(e), majeur(e), mineur(e), postérieur(e), supérieur(e), ultérieur(e)*

- Le groupe des noms et des adjectifs finissant en *-teur* forment un groupe à part. Ils donnent *-trice* quand le *-t-* ne fait pas partie du radical du verbe :

> *-teur* → *-trice*   accusa**teur** → accusa**trice**
> (le verbe est *accus-er*)
> ac**teur** → ac**trice**

Sinon, ils suivent la règle générale :
chanteur → *chanteuse*,
menteur → *menteuse* (car ces mots dérivent des verbes *chant-er* et *ment-ir*).

EXCEPTIONS : *exécuteur* → *exécutrice*,
inspecteur → *inspectrice*,
inventeur → *inventrice*,
serviteur → *servante*.

2 **Transformez au féminin (oralement ou dans votre cahier).**

1. Un animateur exubérant.
2. Un danseur prometteur.
3. Le meilleur chanteur.
4. Un collaborateur précieux.
5. Un jeune travailleur.
6. Un vendeur compétent.
7. Un lecteur passionné.
8. Un garçon rêveur.

▶ Le pronom indéfini *on*

> *On* découvre la faune
> et la flore de notre pays.

- *On* est un pronom indéfini qui a toujours et uniquement la **fonction de sujet**, et il est toujours suivi d'un **verbe à la 3e personne du singulier**.
- *On* peut avoir différents sens :
  - les gens, tout le monde :
    On s'amuse beaucoup dans les parcs d'attraction.
  - quelqu'un :
    On sonne à la porte : va ouvrir.
  - nous, dans la langue parlée :
    On a décidé d'aller à la piscine tous ensemble.

ATTENTION ! Quand *on* est indéfini, les adjectifs et les participes qui se réfèrent au sujet *on* sont au **masculin singulier** :
Quand on gagne un prix, on est content.
Cependant, quand *on* a la valeur de pronom personnel, on fait l'**accord au pluriel** :
Hier, on s'est bien amusé(e)s.

3 **Remplacez les sujets soulignés par le pronom *on* et faites tous les changements nécessaires.**

0. Ce soir, nous regardons un film à la télé.
   → Ce soir, on regarde un film à la télé.
1. Aujourd'hui, tout le monde parle couramment anglais.
2. Est-ce que quelqu'un a pensé à acheter du pain ?
3. Mes amis et moi, nous sommes allés en boîte et nous nous sommes amusés.
4. Qu'est-ce que les gens font quand ils sont stressés ?
5. Nous avons raté le bus et nous ne sommes pas arrivés à l'heure.
6. Tout le monde aime bien le prof d'anglais.
7. Nous voulons faire une randonnée samedi prochain.

▶ Le futur proche

> Comment est-ce que vous **allez passer** cette fin de semaine ?

- Le futur proche exprime une action qui aura lieu dans un **futur immédiat**.
- Sa construction est la suivante :

sujet + **aller** + infinitif

  Il est en retard, mais il ne va pas tarder.

- À l'oral on utilise le futur proche pour parler d'évènements futurs, même s'ils n'ont pas lieu dans l'immédiat, en particulier quand on exprime une intention :
  Dimanche, nous allons voir un spectacle de danse.

4 **Complétez les phrases au futur proche.**

0. Qu'est-ce que tu vas faire (faire) demain ?
1. Mardi, je … (voir) un film avec Julie.
2. – Elle fait quoi samedi ?
   – Samedi soir, elle … (aller) au théâtre.
3. – Qu'est-ce que vous … (visiter) ce week-end ?
   – Un château.
4. Samedi, ils … (manger) au restaurant et dimanche, ils … (faire) une randonnée.
5. Jeudi, on … (voir) un spectacle de danse et après, on … (dîner) avec des amis.
6. Édouard … (pique-niquer) au parc de la Citadelle.
7. Pour réaliser ce sondage, nous … (interviewer) tous les élèves de notre lycée.
8. Cet après-midi, je … (acheter) un cadeau pour l'anniversaire de Ludo.
9. Tes parents … (arriver) dans quelques minutes.
10. Nous … (planter) quelques arbres à l'entrée de la maison.

▶ Le passé composé

Ils **ont fait**... / Ils **sont allés**...

- La forme affirmative du **passé composé** est :

> sujet + **présent de l'auxiliaire** (*être* ou *avoir*) + **participe passé** du verbe

- La forme négative du passé composé est :

> sujet + **ne** + auxiliaire + **pas** + **participe passé** du verbe

*Pourquoi vous **n'**avez **pas** fait vos devoirs ?*
*Elles **ne** sont **pas** sorties hier soir.*

Le participe passé

- Les règles pour la formation du participe passé sont les suivantes :
  - Pour les verbes du **premier groupe**, on remplace la terminaison -*er* par -*é* :
  parler → *parlé*
  - Pour les verbes du **deuxième groupe**, on remplace la terminaison -*ir* par -*i* :
  finir → *fini*
  - Pour tous les autres verbes, le participe passé doit être mémorisé :

être → *été*	*savoir* → *su*
avoir → *eu* [y]	*vouloir* → *voulu*
aller → *allé*	*voir* → *vu*
sortir → *sorti*	*falloir* → *fallu*
venir → *venu*	*lire* → *lu*
devoir → *dû*	*faire* → *fait*
pouvoir → *pu*	*prendre* → *pris*

- De nombreux **adverbes** (*assez, beaucoup, bien, enfin, mal, peu, souvent, toujours, trop, vite…*) se placent **devant le participe passé** :
*Nous avons **beaucoup** apprécié le Biodome.*

L'auxiliaire : *être* ou *avoir* ?

- On conjugue avec l'auxiliaire *être* :
  - les **verbes pronominaux** :
  *Elle ne **s'est** pas **amusée**.*
  - 16 verbes intransitifs : *naître (né), mourir (mort), décéder, aller, venir, partir, arriver, rester, tomber, devenir (devenu), passer, retourner, monter, descendre (descendu), (r)entrer, sortir* :
  *Vous **êtes arrivées** tard, les filles !*

Tous les autres verbes (y compris le verbe *être*) forment leur passé composé avec l'auxiliaire *avoir* :

> *Il n'**a** pas **vu** ce film.*
> *Tu **as été** malade ?*
> *J'**ai dû** aller chez mon frère.*
> *Est-ce qu'il y **a eu** des problèmes ?*

L'accord du participe passé

- Avec l'auxiliaire *être*, **le participe passé s'accorde en genre et en nombre avec le sujet**. Avec l'auxiliaire *avoir*, le participe passé ne s'accorde jamais avec le sujet :
*Nous **avons vendu** notre voiture.*
*Nous **sommes arrivé(e)s** trop tard.*

5 **Transformez au passé composé.**

1. Je fais des exercices.
2. Tu comprends ?
3. Jacques vient en bus.
4. Paul se brosse les dents à 7 heures.
5. Nous avons des problèmes.
6. Vous choisissez quelle robe ?
7. Les prix augmentent.
8. Elles doivent renoncer à ce concert.

6 **Conjuguez avec le verbe au passé composé. À l'écrit, attention à l'accord du participe passé.**

1. Hier, nous … (*aller*) à la piscine avec nos amis ; et vous, qu'est-ce que vous … (*faire*) ?
2. Est-ce que tu … (*savoir*) que Caroline et Albert … (*se marier*) ?
3. Quand Charlotte … (*partir*) en vacances, elle … (*prendre*) l'avion.
4. Vous … (*être*) malade ? Qu'est-ce que vous … (*avoir*) ?
5. Sylvie … (*venir*) chez nous hier soir.
6. Lucas et Paul … (*descendre*) de l'avion à 8 h.

7 **Agathe a fait la liste des activités prévues pour son week-end ; elle a coché les activités qu'elle a réussi à faire. Dites ce qu'elle a fait (✓) et ce qu'elle n'a pas fait.**

☐ Voir un film vendredi soir avec Émilie.

☑ Visiter musée d'Art moderne avec petit frère et maman samedi matin.

☐ Aller zoo avec Paul et Tarik l'après-midi.

☑ Passer chez mamie en fin d'après-midi pour lui souhaiter bon anniversaire.

☑ Sortir au resto avec collègues le soir.

☑ Organiser brunch pour dimanche.

☐ Ranger ma chambre.

☑ Réviser pour l'examen de jeudi.

☐ Se reposer (enfin !) après toutes ces activités.

▶ Les verbes du premier groupe en -*yer*

- Pour les verbes qui terminent en -**ayer** (*essayer, balayer, effrayer, payer…*) le **y** peut se changer en **i** devant les terminaisons qui ne se prononcent pas (-**e**, -**es**, -**ent**). La prononciation des deux formes est légèrement différente :
  j'essaie [ʒesɛ] / j'essaye [ʒesɛj].
- Pour les verbes qui terminent en -**oyer** (*aboyer, employer, envoyer, nettoyer, tutoyer…*) ou -**uyer** (*s'ennuyer, appuyer, essuyer…*) le **y** se change toujours en **i** devant les terminaisons qui ne se prononcent pas.

essayer	s'ennuyer
j'essa**i**e (essaye)	je m'ennu**i**e
tu essa**i**es (essayes)	tu t'ennu**i**es
il/elle/on essa**i**e (essaye)	il/elle/on s'ennu**i**e
nous essayons	nous nous ennuyons
vous essayez	vous vous ennuyez
ils/elles essa**i**ent (essayent)	ils/elles s'ennu**i**ent
participe passé : essayé	**participe passé :** ennuyé

8 **Conjuguez les verbes au présent de l'indicatif ou à l'impératif dans votre cahier.**

1. Ce chien … (*aboyer*) et … (*effrayer*) tout le monde. Il est insupportable !

2. Quel désastre ! … (*nettoyer*) immédiatement ou je te mets en punition !

3. Elle … (*envoyer*) ses enfants à l'étranger pour apprendre l'anglais.

4. Si vous voulez parler avec le directeur, … (*appuyer*) sur la touche n° 1.

5. Mes parents n'ont pas de carte de crédit et ils … (*payer*) toujours en espèces.

▶ Les verbes *voir* et *sortir*

- Les verbes *voir* et *sortir* sont irréguliers.

voir	sortir
je vois	je sors
tu vois	tu sors
il/elle/on voit	il/elle/on sort
nous voyons	nous sortons
vous voyez	vous sortez
ils/elles voient	ils/elles sortent
participe passé : vu	**participe passé :** sorti

- Le verbe *sortir* perd le -*t* du radical aux deux premières personnes du singulier. On conjugue de la même manière les verbes **mentir**, **partir** et **sentir**. Sur le même schéma, **dormir** perd le -*m* (*je dors…*) et **servir** perd le -*v* (*je sers…*).

9 **Conjuguez les verbes au présent de l'indicatif dans votre cahier.**

1. Les chats … (*voir*) très bien dans le noir.

2. Il est tard : je … (*partir*) tout de suite.

3. Regarde comme il est mignon ! Il … (*dormir*) comme un ange.

4. – À quelle heure tu … (*sortir*) aujourd'hui ?
   – À 14 heures.

5. Vous avez soif ? Je vous … (*servir*) un verre d'eau ?

6. Qu'est-ce que vous … (*prévoir*) pour le week-end prochain ?

7. Vanessa et moi … (*partir*) en vacances ce week-end.

8. J'aime beaucoup Vincent. Il est très sympathique et en plus il ne … (*mentir*) jamais.

Décrire une tenue

1 🎧 **CD•078** Je m'habille en... Écoutez le dialogue et répondez.

DELF
1. La cliente cherche :
    a. une robe de soirée.
    b. un déguisement.
    c. des vêtements pour sa fille.
2. Combien de tenues le vendeur propose à la dame ?
    a. Deux.

b. Trois.
c. Quatre.
3. Est-ce qu'elle achète quelque chose ?
    a. Oui.
    b. Non.
    c. On ne sait pas.

2 Écoutez encore une fois. Dans votre cahier, classez ces objets en trois catégories : pour se déguiser en cow-boy, en princesse et en personnage futuriste. Attention : pour chaque déguisement, il y a un intrus !

a.

b.

c.

d.

e.

f.

g.

h.
i.

3 Décrivez la tenue de ces personnes.

1.

2.

3.

4.

4 Dites comment vous vous habillez quand...
    1. vous allez à l'école.
    2. vous sortez avec des amis.
    3. vous êtes en vacances.
    4. vous vous déguisez pour Mardi gras ou Halloween.

Écrire un message amical

5 Observez, lisez et répondez.

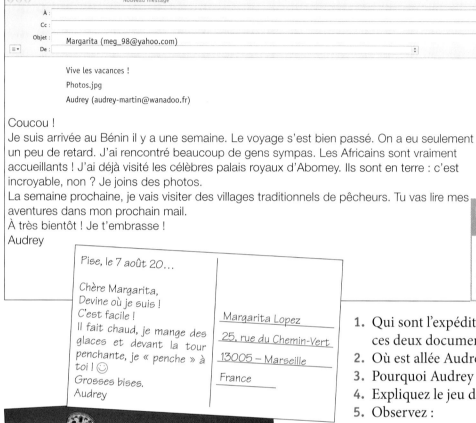

À :
Cc :
Objet : Margarita (meg_98@yahoo.com)
De :

Vive les vacances !
Photos.jpg
Audrey (audrey-martin@wanadoo.fr)

Coucou !
Je suis arrivée au Bénin il y a une semaine. Le voyage s'est bien passé. On a eu seulement un peu de retard. J'ai rencontré beaucoup de gens sympas. Les Africains sont vraiment accueillants ! J'ai déjà visité les célèbres palais royaux d'Abomey. Ils sont en terre : c'est incroyable, non ? Je joins des photos.
La semaine prochaine, je vais visiter des villages traditionnels de pêcheurs. Tu vas lire mes aventures dans mon prochain mail.
À très bientôt ! Je t'embrasse !
Audrey

Pise, le 7 août 20...

Chère Margarita,
Devine où je suis !
C'est facile !
Il fait chaud, je mange des glaces et devant la tour penchante, je « penche » à toi ! ☺
Grosses bises.
Audrey

Margarita Lopez
25, rue du Chemin-Vert
13005 – Marseille
France

> **▶ Commencer un message amical**
>
> - Cher / Chère
> - Bonjour / Coucou
> - Mon grand
> - Ma grande

1. Qui sont l'expéditeur et le destinataire de ces deux documents ?
2. Où est allée Audrey ?
3. Pourquoi Audrey écrit son mail ?
4. Expliquez le jeu de mots de la carte postale.
5. Observez :
   – comment on écrit la date ;
   – les mots utilisés pour commencer ;
   – les mots utilisés pour terminer.

> **▶ Conclure un message amical**
>
> - À bientôt
> - Amicalement
> - Amitiés
> - Je t'embrasse.
> - Bisous
> - Grosses bises
> - Tu me manques.

> **Observez**
>
> - un e-mail /
>   un mail /
>   un mél /
>   un courriel

6 Associez les éléments des deux colonnes.

1. l'expéditeur / l'expéditrice
2. le/la destinataire
3. l'adresse (*f.*) postale
4. le code postal
5. la ville
6. le pays
7. l'adresse (*f.*) électronique
8. l'arobase (*f.*)
9. le tiret
10. le tiret bas
11. le point

a. Margarita
b. 25, rue du Chemin-Vert
c. @
d. Audrey
e. 13005
f. _
g. Marseille
h. .
i. France
j. audrey-martin@wanadoo.fr
k. -

7 Écrivez un courriel à un(e) de vos ami(e)s en utilisant trois phrases au passé, deux phrases au
DELF présent et deux phrases au futur proche.

SÉQUENCE 3

Une recette catastrophique

VIDÉO
[05.00]

1 À deux. **Regardez la photo. Où se trouvent Annette et Patricia ? De quoi est-ce qu'elles parlent, selon vous ? À votre avis, qu'est-ce qu'elles vont faire ?**

2 **Regardez la première partie de la vidéo et reliez les deux colonnes.**

1. Aude, Marcel et Dominique
2. Léo
3. Les parents d'Annette
4. Aude
5. Marcel

a. rentrent tard.
b. ne va pas manger de poulet.
c. arrivent à 8 heures.
d. ne mange jamais de poisson.
e. arrive à 7 heures.

3 **Quelle recette elles choisissent ?**

1. Poulet aux épices.
2. Quiche aux courgettes.
3. Galette de pommes de terre au saumon fumé.
4. Terrine de poisson.
5. Soufflé aux champignons.

4 **Choisissez les ingrédients nécessaires pour réaliser la recette.**

1. des pommes de terre
2. des courgettes
3. 200 g de saumon fumé
4. 2 œufs
5. 20 g de semoule de blé
6. 25 cl (un quart de litre) d'eau
7. une cuillère à café de curry
8. 30 g de parmesan râpé
9. 10 cl (un demi pot) de crème fraîche
10. 20 cl de lait
11. 30 g de beurre
12. une pincée de sel

5 **Patricia explique la recette à Annette. Complétez.**

D'abord tu (**1**) ... (*devoir*) découper les courgettes et faire bouillir de l'eau. Après, rajoute une pincée de sel, mais (**2**) n'... (*en mettre*) trop ! (**3**) ... (*plonger*) les courgettes dans l'eau bouillante salée. (**4**) ... (*Mélanger*) la crème avec une cuillère à café de curry, le parmesan et les œufs. (**5**) ... (*Verser*) la semoule sur les courgettes et (**6**) ... (*laisser*) évaporer toute l'eau. Mets les courgettes dans le mélange œufs, crème fraîche, parmesan et (**7**) ... (*laisser*) cuire au four pour 35-40 minutes.

6 Regardez la deuxième partie de la vidéo et complétez le dialogue dans votre cahier.

Annette   Bonjour.
Vendeuse   Bonjour mademoiselle, vous désirez ?
Annette   (1) ... .
Vendeuse   Vous en voulez combien ?
Annette   (2) ... .
Vendeuse   Très bien. Et avec ça ?
Annette   (3) ... .
Vendeuse   Ce sera tout ?
Annette   (4) ... .
Vendeuse   Ça fait 6 euros 90.
Annette   (5) ... .
Vendeuse   Et voilà votre monnaie.
Annette   Merci.

7 À deux. L'élève A va acheter les produits de la liste, l'élève B joue le rôle des vendeurs et répond.
DELF

baguettes   tomates   fromage   lait
fraises   steaks   pommes   œufs

8 À deux. Observez les personnages principaux : ils sont habillés comment ? Faites une liste des vêtements et des accessoires que vous voyez.

9 Imaginez la suite de l'histoire et choisissez un titre.

Tous au restaurant !

Léo chef cuisinier

Pizzas à domicile

Vive les surgelés !

Annette à la finale de MasterChef

L'école des chefs

TÂCHE FINALE

POUR DÉVELOPPER VOS COMPÉTENCES-CLÉS, DANS CET ATELIER VOUS DEVREZ :

✓ collaborer avec vos camarades à la réalisation et au tournage d'une recette vidéo ;
✓ rédiger en français une recette ;
✓ utiliser un caméscope ou votre mobile pour filmer la réalisation d'un plat ;
✓ utiliser l'ordinateur pour monter une vidéo.

▶ **Étape 1**

- *En classe.* Formez des groupes de 3/4 personnes et faites la liste de vos plats préférés. Puis, sélectionnez le plat que vous allez cuisiner. Attention ! Vous devez être capables de réaliser la recette choisie.
- Écrivez en français les ingrédients, les quantités, les ustensiles, la préparation.

▶ **Étape 2**

- *À la maison.* Distribuez les rôles.
- Réalisez le plat et filmez les phases principales de la préparation.
- Calculez le temps nécessaire et ajoutez cette donnée dans la recette écrite.

▶ **Étape 3**

- Réalisez la vidéo de votre recette, accompagnée des instructions. La durée maximale est de 3 minutes. Utilisez un logiciel de montage (Windows Live Movie maker, IMovie HD, VirtualDub, Avidemux...).

▶ **Étape 4**

- Montrez votre vidéo à vos camarades.
- Vous pouvez ouvrir une chaîne YouTube de votre classe et télécharger toutes les vidéos.

Compréhension de l'oral

EXERCICE 1

Vous allez entendre 2 fois un document. Vous aurez 30 secondes de pause entre les deux écoutes, puis 30 secondes pour vérifier vos réponses. Lisez d'abord les questions.

> Avant d'écouter un document oral, je lis attentivement les questions pour faciliter la compréhension de l'enregistrement.

 CD•079 Écoutez la conversation téléphonique et répondez aux questions.

1. Julie Payette est née...
    a. le 2 octobre.
    b. le 20 octobre.
    c. le 21 octobre.
2. Sa première profession est...
    a. astronaute.
    b. comédienne.
    c. musicienne.

3. Elle parle...
    a. cinq langues.
    b. six langues.
    c. sept langues.
4. Pour poser des questions, le numéro de téléphone est le...
    a. 04 21 16 08 60.
    b. 04 31 13 08 60.
    c. 04 31 16 08 60.
5. Complétez dans votre cahier le numéro de fax : 04 ... ... 06 ... .

EXERCICE 2

Vous allez entendre 2 fois un document. Vous aurez 30 secondes de pause entre les deux écoutes, puis 30 secondes pour vérifier vos réponses. Lisez d'abord les questions.

> Je commence déjà à répondre pendant la première écoute. La seconde écoute sert à compléter ou corriger les réponses.

 CD•080 Écoutez et répondez aux questions.

1. Le loisir préféré des Français est ... .
2. Quelle est l'activité que vous n'entendez pas ?
    a. football
    b. jogging
    c. piscine
    d. randonnée
    e. tennis
    f. VTT

3. Les Français regardent la télévision combien d'heures par semaine ?
4. Les activités pratiquées par les Français sont, dans l'ordre...
    a. lecture – télévision – musique
    b. musique – lecture – télévision
    c. télévision – lecture – musique

EXERCICE 3

Vous allez entendre plusieurs enregistrements, correspondant à des situations différentes. Vous avez 15 secondes de pause après chaque dialogue. Puis vous allez entendre à nouveau les dialogues pour compléter vos réponses. Lisez d'abord les questions.

 CD•081 Associez chaque situation à un enregistrement.

Situation n° 1

De quoi parle-t-il ?
a. De sa journée.
b. De ses loisirs.
c. De ses vacances.
d. De son week-end.

Situation n° 2

Où est-ce ?
a. À la sortie d'un concert.
b. À la sortie d'un restaurant.
c. À la sortie d'une conférence.
d. À la sortie d'un cinéma.

Situation n° 3

Qui parle ?
a. Victor.
b. Le père de Victor.
c. Un ami de Victor.
d. Un professeur de Victor.

Situation n° 4

Qu'est-ce qu'on demande ?
a. Un objet.
b. Un rendez-vous.
c. Une adresse.
d. Une date.

Compréhension des écrits

EXERCICE 1

Lisez cet article sur Amel Bent. Répondez aux questions.

Amel Bent est chanteuse et comédienne. Elle est née le 21 juin 1985 à La Courneuve, en banlieue parisienne. Son père est algérien et sa mère est marocaine. Son vrai nom est Amel Bachir. Après le bac, elle veut devenir psychologue, mais elle participe à l'émission *Nouvelle Star* en 2004 et se place troisième. Elle obtient un très grand succès et décide de se consacrer à la musique. Son premier album, *Un jour d'été*, se vend à plus de 650 000 copies. Ses chansons les plus célèbres sont *Ma philosophie*, *Le droit à l'erreur* et *Ne retiens pas tes larmes*.

1. Amel Bent est...
   a. algérienne.
   b. française.
   c. marocaine.

2. Amel Bent fait des études de…
   a. philosophie.
   b. psychologie.
   c. cinéma.

3. Amel Bent chante en anglais…
   a. Vrai.
   b. Faux.
   c. On ne sait pas.

4. « Un jour d'été » est…
   a. le nom d'une émission télévisée.
   b. le titre d'un disque.
   c. le titre d'une chanson.

EXERCICE 2

Quatre amies parlent de leur garçon idéal. Lisez leurs affirmations et répondez aux questions.

> Dans ce type d'exercice, les textes choisis ont certains éléments en commun et au moins un détail qui les différencie. En procédant par exclusion, je réussis à déterminer la seule solution possible.

Valérie Blond aux yeux bleus ! Il n'y a pas de doute ! Et puis je trouve que les garçons avec une barbe sont irrésistibles.

Sarah Moi, j'aime les garçons grands, bruns et aux yeux clairs ; je préfère les cheveux courts et j'ai un faible pour une petite barbe… j'adore ça !

Léa Pour moi, la couleur des cheveux et des yeux n'est pas essentielle. Ce qui compte, c'est le look : chez les garçons, j'aime bien l'élégance et la gentillesse.

Hélène Pour moi, le garçon idéal doit avoir les yeux marron et les cheveux bruns et bouclés ; il doit absolument avoir un look sportif.

1. Le garçon de la photo est le type idéal pour …

2. Pour quelle fille l'aspect physique n'est pas important ?

EXERCICE 3

Lisez l'article. Répondez aux questions.

Comment les Français passent leur temps libre ?

Voici une enquête intéressante. Sans grande surprise, le cinéma est le loisir préféré. C'est une véritable passion pour les Français. En effet, 25 % des personnes interrogées vont régulièrement dans les salles de cinéma.

La musique arrive deuxième dans le classement. 21 % des Français fréquentent les salles de concert et beaucoup apprennent à jouer d'un instrument : la flûte, le violon ou le piano.

19 % des Français préfèrent la photographie. Pourquoi ? Aujourd'hui, il est si facile de prendre des photos avec son téléphone portable ou son smartphone ! Plus besoin de matériel cher ou compliqué. De plus, beaucoup de sites Internet permettent de mettre ses photos personnelles en ligne très facilement.

Les voyages arrivent en cinquième position (14 %) et les activités sportives représentent 7 % de l'activité des Français. Ah ! Les Français et le sport, c'est toute une histoire !

1. Ce document…
   a. donne des conseils pour le temps libre.
   b. décrit une journée-type des Français.
   c. parle des loisirs des Français.

2. Le cinéma est apprécié par…
   a. un quart des personnes interrogées.
   b. un tiers des personnes interrogées.
   c. la moitié des personnes interrogées.

3. Que font les Français qui sont intéressés par la musique ? [2 réponses]
   a. Ils achètent des CD.
   b. Ils prennent des cours.
   c. Ils assistent à des spectacles.
   d. Ils écoutent de la musique à la radio ou sur Internet.

4. En quelle position est classée la photographie ?
   a. Deuxième.
   b. Troisième.
   c. Dernière.

5. En quatrième position, il y a…
   a. le jardinage.
   b. le sport.
   c. On ne sait pas.

6. Les Français sont très sportifs.
   a. Vrai.
   b. Faux.
   c. On ne sait pas.

Production écrite

EXERCICE 1

Vous voulez vous inscrire à un cours de langues. Complétez la fiche d'inscription dans votre cahier.

ÉCOLE DE LANGUES EFLET
Formulaire d'inscription

Nom …   Prénom …

Âge …   Nationalité …

Adresse …

Ville …   Pays …

N° de téléphone …   E-mail …

Langues parlées …

Date et signature …   …

EXERCICE 2

Dans votre cahier, présentez votre meilleur(e) ami(e) : parlez de ses qualités et de ses défauts et dites ce que vous aimez ou n'aimez pas chez lui/elle (20 mots environ).

Je lis la consigne et je me concentre sur les mots-clés pour comprendre ce qu'on me demande : dans cet exemple, qualités et défauts d'un(e) ami(e).

EXERCICE 3

Dans votre cahier, racontez comment vous passez normalement votre week-end (40-50 mots).

Production orale

ENTRETIEN DIRIGÉ

Vous répondez à des questions sur vous-même, sur votre famille, sur l'aspect physique et le caractère (le vôtre ou celui d'une personne que vous connaissez) ou bien sur votre temps libre (activités préférées, sports pratiqués, horaires...).

ÉCHANGE D'INFORMATIONS

Posez des questions à partir de ces mots-clés. Utilisez le registre formel.

nom • âge • habiter • profession • état civil • sport • télévision • aimer • week-end • téléphone

Dans ce type d'exercice, je ne dois pas obligatoirement utiliser ces mots dans une question ; ces mots suggèrent « le thème » de la question (par exemple, état civil : « vous êtes marié ou célibataire ? »).

DIALOGUE SIMULÉ / JEU DE RÔLE

- **À deux. Un nouveau copain est arrivé dans votre classe. Présentez-vous et posez-vous des questions personnelles pour vous connaître.**

Pendant le temps de préparation, je me souviens de tous les mots ou de toutes les expressions que je connais sur ce sujet.

- **Dans un bus, vous avez assisté à un vol. Vous avez bien vu le voleur ou la voleuse. Un policier vous demande de faire son portrait-robot. Décrivez-le/la à partir des images qui vous seront indiquées.**

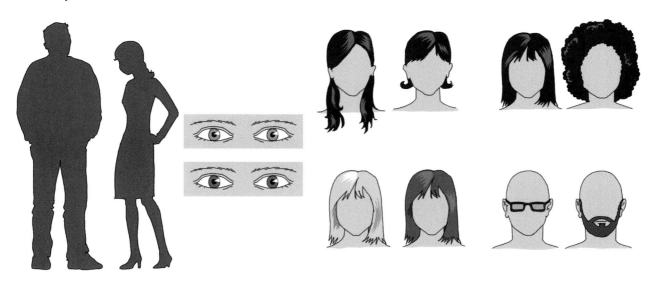

DU SON À L'ÉCRITURE

▶ Les voyelles orales, les voyelles nasales et les semi-voyelles

	son	graphie	exemples
VOYELLES ORALES	[a]	a, à, â	*papa, là, théâtre**
	[e] fermé	e + consonne finale muette (sauf t) é	*pied, restez, rester, les école, céder*
	[ɛ] ouvert	e en milieu de syllabe / e(t) final è ê ai / ei	*je reste, hiver / complet crème, très fête, forêt maison, plaire / neige, seize*
	[ə]	e dans les monosyllabes e en fin de syllabe	*le, de, ce, me nous pesons, premier*
	[i]	i, î, ï, y	*lit, île, maïs, cycle*
	[o] fermé	o en fin de syllabe / mot ô au, eau	*photo / pot, gros / rose diplôme autre, château*
	[ɔ] ouvert	o en milieu de syllabe au(l), au(r) u(m) à la fin des mots latins	*port, bonne Paul, Laure aquarium*
	[ø] fermé	eu, œu en fin de syllabe eu + [z] / [t]	*feu, jeudi, vœu chanteuse, feutre*
	[œ] ouvert	eu, œu en milieu de syllabe œ en début de mot	*seul, fleur, cœur œil, œuvre*
	[u]	ou, où, oû	*loup, où, goût*
	[y]	u, û eu participe passé d'*avoir*	*mur, dû j'ai eu*
VOYELLES NASALES	[ɑ̃]	an, am / en, em / aon, aen, ean	*danse, chambre / cent, temps / paon, Caen, Jean*
	[ɛ̃]	in, im, yn, ym ain, aim / ein, eim (é)en un, um**	*quinze, simple, synthèse, sympa pain, faim / plein, Reims lycéen lundi, humble***
	[ɔ̃]	on, om	*pont, nombre*
SEMI-VOYELLES	[j]	i / y + voyelle (a)il, (e)il, ill(e)	*pied, essuyer travail, soleil, feuille*
	[w]	ou + voyelle oi = [wa] ; oin = [wɛ̃]	*oui soir, loin*
	[ɥ]	u + voyelle	*lui, tuer*

*   En français classique, le *â* de *théâtre* avait une prononciation plus postérieure [ɑ], mais en français moderne, ce son a tendance à se confondre avec le [a] central.

** En français classique, *un* et *um* se prononçaient [œ̃], mais en français moderne ce son a tendance à se confondre avec [ɛ̃].

Le voyelle *e* est muette :
- quand elle se trouve à la fin d'un mot (mais pas dans les monosyllabes).
- quand elle est suivie d'un -*s* pour le pluriel (*belles*) ou dans la terminaison d'un verbe (*tu parles / ils parlent*).
- quand elle se trouve à l'intérieur d'un mot, s'il n'y a pas de groupe de consonnes difficiles à prononcer (*oralement* mais *humblement*).

▶ Les consonnes

son	graphie	exemples
[p]	p, pp, b (s)	*père, appel, absolu*
[b]	b, bb (rare)	*ballon, abbé*
[t]	t, tt, th d en cas de liaison	*table, chatte, thé* *prend-il*
[d]	d, dd, dh	*donner, addition, adhérer*
[k]	c + cons. ; c + a, o, u cc + cons. ; cc + a, o, u qu, k, ch (mots grecs) x [ks]	*climat, cas* *accrocher, accès, accuser* *quand, kilo, orchestre* *axe*
[g]	g + cons. ; g + a, o, u gg (rare) gu + voyelle ex + voyelle [gz]	*grand, garder* *agglutiner* *guider* *exercice*
[f]	f, ff, ph	*café, effort, physique*
[v]	v, w	*venir, wagon*
[s]	s au début d'un mot s + cons. ; ss (s)c + e, i, y ; (c)c + e, i ç x [ks] x pour les nombres 6, 10, 60 t + i + voyelle	*sonner* *poste, passer* *scène, ceci, cylindre, succès* *façon* *axe* *six, dix, soixante* *action, patience*
[z]	s entre deux voyelles z, zz (rare) x pour les ordinaux 2ᵉ, 6ᵉ, 10ᵉ x [gz]	*causer* *zéro, mezzanine* *deuxième* *exercice*
[ʃ]	ch, sch, sh	*chat, schéma, shampooing*
[ʒ]	j g + e, i ; ge + voyelle	*jeune* *gentil, agir, Georges*
[m]	m, mm	*mère, commode*
[n]	n, nn	*nez, colonne*
[l]	l, ll	*lit, belle*
[ʀ]	r, rr, rh	*riz, terre, rhume*
[ɲ]	gn	*agneau*
[ŋ]	ng	*parking*

Les consonnes *d*, *p*, *s*, *t*, *x* et *z* sont généralement muettes :
- à la fin d'un mot (*pied*)
- si elles sont suivies d'un -*s* pluriel (*pieds*)
- si elles sont suivies d'un -*s* de terminaison verbale (*tu prends*).

Le *h* ne se prononce jamais. Au début de certains mots, le *h* « aspiré » n'est pas aspiré, mais empêche de faire l'élision et la liaison (*la harpe, les / harpes*).

PRÉCIS DE GRAMMAIRE

▶ Le féminin des noms et des adjectifs

règles	exemples	exceptions et cas particuliers
masculin + e	*un voisin allemand → une voisine allemande* *un client africain → une cliente africaine* *un ami passionné → une amie passionnée*	*un paysan → une paysanne* *Jean → Jeanne* *un copain → une copine* *un chat → une chatte* *long → longue* *frais → fraîche* *nul → nulle* *bas(se), gras(se)* *épais(se), gros(se)*
-e invariable	*un élève dynamique → une élève dynamique*	
-er → -ère	*un boulanger cher → une boulangère chère*	
-en → -enne -on → -onne -el → -elle -il → -ille -ot → -otte -et → -ette	*un lycéen italien → une lycéenne italienne* *un champion breton → une championne bretonne* *réel → réelle* *pareil → pareille* *sot → sotte* *un cadet → une cadette*	*(in)complet → (in)complète* *concret → concrète* *(in)discret → indiscrète* *inquiet → inquiète* *secret → secrète*
-x → -se	*un époux heureux → une épouse heureuse*	*doux → douce* *faux → fausse* *roux → rousse* *vieux → vieille*
-f → -ve	*un sportif actif → une sportive active*	*bref → brève*
-c → -que	*un Turc → une Turque* *public → publique*	*grec → grecque* *blanc → blanche* *sec → sèche*
-gu → -guë	*ambigu → ambiguë*	
-eur → -euse	*un voyageur rêveur → une voyageuse rêveuse*	*meilleur(e), antérieur(e)* *extérieur(e), inférieur(e)* *intérieur(e), majeur(e)* *mineur(e), postérieur(e)* *supérieur(e), ultérieur(e)*
-teur → -trice	*un acteur séducteur → une actrice séductrice*	*serviteur → servante* *menteur → menteuse*
certains féminins atypiques		*homme → femme* *garçon → fille* *mari → femme* *père → mère* *oncle → tante* *neveu → nièce* *roi → reine* *prince → princesse*

▶ Le pluriel des noms et des adjectifs

règles	exemples	exceptions
singulier + s	un rêve fou ➔ des rêves fous une femme noire ➔ des femmes noires	• *bijou, genou, chou, joujou, caillou, pou, hibou* prennent un **-x** ➔ *bijoux, genoux, choux, joujoux, cailloux, poux, hiboux* • *travail, corail, émail, vitrail* changent **-ail** en **-aux** ➔ *travaux, coraux, émaux, vitraux*
-s, -x, -z invariables	le temps ➔ le temps le prix ➔ les prix le nez ➔ les nez	
-al ➔ -aux	un journal national ➔ des journaux nationaux	• *bal, carnaval, festival, récital, chacal, natal, fatal, naval, banal* prennent un **-s** ➔ *bals, carnavals, festivals, récitals, chacals, natals, fatals, navals, banals* • *idéal* ➔ *idéals / idéaux*
-au ➔ -aux -eau ➔ -eaux -eu ➔ eux	un tuyau ➔ des tuyaux un chapeau ➔ des chapeaux un cheveu ➔ des cheveux	**mais :** *bleu, pneu* prennent un **-s** ➔ *bleus, pneus*
pluriels irréguliers		*œil* ➔ *yeux* ; *ciel* ➔ *cieux* ; *tout* ➔ *tous* ; *monsieur* ➔ *messieurs* ; *madame* ➔ *mesdames* ; *mademoiselle* ➔ *mesdemoiselles*

▶ Les articles définis et les articles indéfinis

	articles définis		articles indéfinis	
	singulier	pluriel	singulier	pluriel
masculin	le/l'	les	un	des
féminin	la/l'		une	

▶ Les articles contractés et les articles partitifs

	articles contractés				articles partitifs	
	singulier	pluriel	singulier	pluriel	singulier	pluriel
masculin	au/à l'	aux	du/de l'	des	du/de l'	des
féminin	à la/à l'		de la/de l'		de la/de l'	

▶ Les prépositions devant les noms géographiques

	J'habite... Je vais...	Je viens...	J'habite... Je vais...	Je viens...
	PAYS ET CONTINENTS		VILLES	
noms masculins qui commencent par une consonne	au Brésil	du Vietnam	à Moscou	de Rome ; d'Oslo
noms masculins qui commencent par une voyelle	en Uruguay	d'Iran		
noms féminins	en Bulgarie	de Grèce ; d'Amérique		
noms pluriels	aux Philippines	des Pays-Bas		

▸ Les pronoms personnels

		sujet	toniques	réfléchis	compléments directs	compléments indirects
1re pers. sing.		je/j'	moi	me/m'	me/m'*	me/m'*
2e pers. sing.		tu	toi	te/t'	te/t'**	te/t'**
3e pers. sing.	masculin	il	lui	se/s'	le	lui
	féminin	elle	elle	se/s'	la	lui
	indéfini	on	===***	se/s'	===	===
1re pers. plur.		nous	nous	nous	nous	nous
2e pers. plur.		vous	vous	vous	vous	vous
3e pers. plur.	masculin	ils	eux	se/s'	les	leur
	féminin	elles	elles	se/s'	les	leur

* Ce pronom devient *moi* après un impératif affirmatif.

** Ce pronom devient *toi* après un impératif affirmatif.

*** Quand *on = nous*, il peut être repris par le pronom tonique ***nous*** : ***Nous**, on préfère aller au cinéma.*

▸ Les adjectifs possessifs

	singulier		pluriel
	masculin	féminin	masculin et féminin
1re pers. sing.	mon*	ma	mes
2e pers. sing.	ton*	ta	tes
3e pers. sing.	son*	sa	ses
1re pers. plur.	notre		nos
2e pers. plur.	votre		vos
3e pers. plur.	leur		leurs

* Ces pronoms s'utilisent devant les noms féminins qui commencent par une **voyelle** ou ***h* muet** : *mon école, son histoire.*

▸ Les pronoms possessifs

	singulier		pluriel	
	masculin	féminin	masculin	féminin
1re pers. sing.	le mien	la mienne	les miens	les miennes
2e pers. sing.	le tien	la tienne	les tiens	les tiennes
3e pers. sing.	le sien	la sienne	les siens	les siennes
1re pers. plur.	le nôtre	la nôtre	les nôtres	
2e pers. plur.	le vôtre	la vôtre	les vôtres	
3e pers. plur.	le leur	la leur	les leurs	

▶ Les adjectifs démonstratifs

	singulier		pluriel
	devant une **consonne**	devant une **voyelle** ou un *h* **muet**	
masculin	ce	cet	ces
féminin	cette		

▶ Les pronoms démonstratifs

	singulier	pluriel
masculin	celui (-ci) celui (-là)	ceux (-ci) ceux (-là)
féminin	celle (-ci) celle (-là)	celles (-ci) celles (-là)

▶ Les adjectifs interrogatifs

	singulier	pluriel
masculin	quel	quels
féminin	quelle	quelles

▶ Les pronoms relatifs invariables

sujet	qui
complément d'objet direct	que

▶ Les pronoms interrogatifs variables

	singulier	pluriel
masculin	lequel auquel duquel	lesquels auxquels desquels
féminin	laquelle à laquelle de laquelle	lesquelles auxquelles desquelles

▶ La phrase interrogative

		interrogation totale	interrogation partielle
intonation (langue parlée)		sujet + verbe *Il part ?*	mot interrogatif + sujet + verbe *Quand il part ?*
est-ce que (langue standard)		*est-ce que* + sujet + verbe *Est-ce qu'il part ?*	mot interrogatif + *est-ce que* + sujet + verbe *Quand est-ce qu'il part ?*
postposition (langue parlée)		===	sujet + verbe + mot interrogatif *Il part quand ?*
inversion du sujet (langue formelle)	sujet pronominal	verbe + sujet *Part-il ?*	mot interrogatif + verbe + sujet *Quand part-il ?*
	sujet nominal	nom + verbe + pronom sujet *Jean part-il ?*	**inversion simple**: mot interrogatif + verbe + nom *Quand part Jean ?* — **inversion complexe**: mot interrogatif + nom + verbe + pronom sujet *Quand Jean part-il ?*

CRÉDITS

LIVRE - RÉFÉRENCE DES IMAGES

GÉNÉRATION A'1

Méthode de français

CAHIER

CAHIER
D'ACTIVITÉS

M. Caneschi - D. Cecchi - F. Tortelli

didier
Français Langue Étrangère

Bonjour, ça va ?

1 🎧 **CD•082 Vrai ou faux ? Écoutez le dialogue et répondez.**

1. Il va très bien. V F
2. Il s'appelle Antoine. V F

3. Il est belge. V F
4. Il a 12 ans. V F

2 Complétez le dialogue.

> Salut • Bonjour • Ça va • Enchantée

Marion ...., Sophie !

Sophie .... Marion, ça va ?

Marion ...., merci.

Sophie Je te présente mon père.

Marion ...., monsieur.

3 🎧 **CD•083 Écoutez et cochez la bonne réponse.**

1. Les clients sont :
   a. ☐ une dame et un monsieur. b. ☐ deux messieurs.
2. Ils sont :
   a. ☐ au camping. b. ☐ à l'hôtel.
3. Ils restent :
   a. ☐ 13 nuits. b. ☐ 3 nuits.
4. Ils s'appellent :
   a. ☐ Strassberg. b. ☐ Strasset.
5. Ils sont :
   a. ☐ allemands. b. ☐ autrichiens.
6. Ils ont la chambre n° :
   a. ☐ 51. b. ☐ 61.

Salut ! Je m'appelle Agnès

4 Observez l'arbre généalogique et complétez les phrases.

1. Pierre est le .... d'Antoine et de Sophie.
2. Le .... de Pierre s'appelle Antoine.
3. La .... de Pierre s'appelle Sophie.
4. Le .... de Pierre s'appelle Jean.
5. La .... de Pierre s'appelle Annie.
6. Antoine et Sophie sont les .... de Pierre, Jean et Annie.
7. Pierre, Jean et Annie sont les .... d'Antoine et de Sophie.

Antoine   Sophie

Pierre   Jean   Annie

MOTS ET EXPRESSIONS

5 Complétez le tableau avec les noms de pays ou de nationalités qui correspondent.

pays	nationalité	pays	nationalité
France	....	....	indienne
....	anglaise	Mexique	....
Autriche	....	....	japonaise
....	tunisienne	Suisse	....
États-Unis	....	....	portugaise

6 Associez les deux colonnes pour former des phrases.

1. ☐ Mars est
2. ☐ Vendredi est
3. ☐ Octobre a
4. ☐ L'école commence en
5. ☐ Février a
6. ☐ La Fête nationale française est
7. ☐ Aujourd'hui, c'est
8. ☐ Le premier mois de l'année est

a. janvier.
b. 31 jours.
c. mardi.
d. le 14 juillet.
e. un mois de l'année.
f. un jour de la semaine.
g. 28 jours.
h. septembre.

7 Retrouvez les jours de la semaine.

1. i e j u d   ....
2. e a m i s d   ....
3. d u l n i   ....
4. c m i d a h n e   ....
5. d a m i r   ....
6. e v d e i r d n   ....
7. r m c e i d r e   ....

8 Écrivez le nom du mois qui suit.

1. janvier   ....
2. mars   ....
3. mai   ....
4. juillet   ....
5. septembre   ....
6. novembre   ....

9 🎧 CD•084 Écoutez et écrivez en chiffres les nombres que vous entendez.

1. ....
2. ....
3. ....
4. ....
5. ....
6. ....
7. ....
8. ....
9. ....
10. ....

10 Écrivez en lettres les nombres suivants.

3   ....
7   ....
8   ....
11 ....
13 ....
18 ....
22 ....
26 ....
29 ....
31 ....
44 ....
47 ....
53 ....
61 ....
63 ....
65 ....

▶ **Les pronoms personnels sujets**

11 **Associez les éléments des deux colonnes.**

1. ☐ Vous   a. ai
2. ☐ Je   b. s'appelle
3. ☐ J'   c. suis
4. ☐ Tu   d. sommes
5. ☐ Elle   e. vous appelez
6. ☐ Elles   f. ont
7. ☐ Nous   g. es
8. ☐ Ils   h. s'appellent

12 **Complétez avec un pronom sujet.**

1. .... as raison.
2. .... allez bien ?
3. .... est grecque.
4. Paul aime les animaux. .... a un chat.
5. .... appelons Martine.
6. Mes frères ? .... s'appellent Luc et Alexis.

▶ **Les verbes *être* et *avoir***

13 **Associez le sujet avec la forme qui correspond du verbe *être*.**

1. ☐ Pierre   a. sont
2. ☐ Je   b. êtes
3 ☐ Vous   c. est
4. ☐ Tu   d. sommes
5. ☐ Mes parents   e. es
6. ☐ Nous   f. suis

14 **Entourez la forme du verbe *avoir* qui convient.**

1. Il *a / as* deux enfants.
2. Tu *as / a* raison.
3. Marie et Jeanne *avons / ont* une tortue.
4. Nous *avons / avez* un frère.
5. J'*a / ai* 15 ans.
6. Vous *avez / ont* une chatte.

15 🎧 **CD•085 Écoutez et écrivez la forme verbale que vous entendez dans la bonne colonne.**

	être	avoir
1.		
2.		
3.		
4.		
5.		
6.		

16 **Complétez avec le verbe *être* ou *avoir*.**

1. Voilà Corinne, c'...... ma sœur. Elle ..... 14 ans.
2. Mes parents .... pharmaciens.
3. Mes amis .... trois enfants, un fils et deux filles.
4. Je .... enchanté de faire votre connaissance.
5. Tu .... malade ou tu .... sommeil ?
6. Alain .... 45 ans, il .... prof d'espagnol.
7. Uwe et moi, nous .... allemands.
8. Vous .... fatigués ou vous .... envie de sortir ?

▶ **Les articles définis et indéfinis**

17 **Complétez avec l'article défini qui convient.**

1. Le marché a lieu .... mardi et .... dimanche matin.
2. .... amie de ma sœur est roumaine.
3. .... drapeau français est bleu, blanc, rouge.
4. Je suis désolé, ... hôtel est complet.
5. Où se trouve .... bibliothèque, s'il vous plaît ?
6. .... parents de Suzanne viennent à Paris pour les vacances.

18 **Complétez avec l'article indéfini qui convient.**

1. Il a .... ordinateur.
2. Elle habite dans .... joli village à la campagne.
3. Vous avez .... enfants très sportifs.
4. Tu as .... amie amusante et sympathique.
5. C'est .... histoire intéressante.
6. J'ai ...... crayons, ... cahiers et ...... gomme.

19 **Complétez avec l'article indéfini ou défini qui convient.**

Simon est (**1**) .... fils de M. et Mme Roux. Il fréquente le lycée Victor Hugo et il a (**2**) .... amis à l'étranger. (**3**) .... amis de Simon sont espagnols et suisses. Simon aime voyager et adore (**4**) .... animaux. Il a (**5**) .... chien et (**6**) .... chat. (**7**) .... père de Simon est vétérinaire. (**8**) .... petit frère de Simon fréquente (**9**) .... école élémentaire. Simon et son frère sont (**10**) .... garçons adorables !

▶ La formation du féminin (1)

20 **Transformez au féminin.**

1. Il est petit. ....
2. Tu es fatigué ? ....
3. C'est un élève français. ....
4. C'est un jeune très calme. ....
5. Ils sont sympathiques. ....
6. J'ai un voisin. ....

21 **Écrivez la nationalité au masculin et au féminin, comme dans l'exemple.**

0. L'Angleterre: *Il est anglais, elle est anglaise.*
1. La Belgique : ....
2. Le Maroc : ....
3. L'Argentine : ....
4. Le Japon : ....
5. La Russie : ....
6. L'Allemagne : ....
7. L'Italie : ....
8. La France : ....

22 **Réécrivez le texte de l'exercice 19 en mettant au féminin tous les éléments possibles.**

▶ La formation du pluriel (1)

23 **Mettez au pluriel les mots suivants.**

1. voix ....   6. bus ....
2. film ....   7. chien ....
3. gaz ....   8. mois ....
4. temps ....   9. jour ....
5. cinéma ....   10. nez ....

24 **Transformez au pluriel.**

1. L'hôtel moderne. ....
2. Un garçon studieux. ....
3. Le magasin fermé. ....
4. Un restaurant chinois. ....
5. Une image colorée. ....
6. Un nez pointu. ....
7. La dame blonde. ....
8. Le pays européen. ....

▶ Les adjectifs possessifs

25 **Trouvez toutes les combinaisons possibles, puis écrivez les phrases.**

	ma	père.
	mes	parents.
C'est	vos	voisine.
Ce sont	notre	enfant.
	leur	frères.
	ton	chienne.

26 **Entourez l'adjectif possessif qui convient.**

1. Voilà *mon / ma / mes* mère.
2. C'est *son / sa / ses* amie.
3. Ils habitent chez *leur / ses / leurs* parents.
4. Ce sont *notre / nos / mon* livres.
5. *Ton / Ta / Tes* bus est parti ?
6. Ils adorent *leur / sa / vos* chien.

27 **Transformez comme dans l'exemple.**

0. Voilà le copain de Luc. *Voilà son copain.*
1. Voilà la sœur de Marc.
2. Voilà les chats de Sophie.
3. Voilà le chien de mes parents.
4. Voilà les filles des Dupont.
5. Voilà les poissons rouges de Sélénia et d'Annie.
6. Voilà l'amie de Corinne.
7. Voilà l'ami de Sandrine.
8. Voilà la maman de Luc et d'André.

28 **Répondez affirmativement en utilisant les adjectifs possessifs.**

0. C'est le mari de Sophie ? *Oui, c'est son mari.*
1. C'est la mère de Jean ?
2. C'est le frère de Jean et de Mathilde ?
3. Ce sont les parents d'Agnès et de Paul ?
4. Ce sont tes amis et les amis de ta sœur ?
5. Ce sont les enfants de Mme Duvent ?

29 **Traduction. Traduisez dans votre langue.**

1. Annie, tu es française ou tu es suisse ?
2. Bonjour Madame, je m'appelle Julie, et vous, comment vous vous appelez ?
3. J'ai des amis portugais.
4. Mon frère a un hamster et un poisson rouge.
5. Voilà la maison de mon amie.
6. Elle a cinq enfants : 2 filles et 3 garçons.

Entrer en contact

30 **Lisez la conversation et retrouvez les expressions pour...**

1. saluer ....
2. demander et dire comment ça va ....
3. présenter quelqu'un ....
4. répondre à une présentation ....
5. demander le jour ....
6. dire quel jour on est ....
7. prendre congé ....

Martin Salut, Martin ! Ça va ?
Arthur Bonjour Arthur, ça va.
Martin Voici mon amie Camilla. Elle est dans notre lycée.
Camilla Salut.
Arthur Ravi de faire ta connaissance, Camilla.
Martin Bon, on se voit demain au lycée ?
Arthur C'est quel jour demain ?
Martin C'est jeudi.
Arthur Oui, j'ai cours toute la journée...
Martin À demain alors !
Arthur Tchao !

31 **Associez chaque dialogue à l'image correspondante, et écrivez les dialogues dans les bulles.**

1. – Bonjour madame
   Leclerc, vous allez bien ?
   – Très bien, merci. Et vous,
   monsieur Rousset ?

2. – Salut Michèle, tu
   vas bien ?
   – Oui, madame.
   Et vous ?

3. – Salut Daniel, ça va ?
   – Ça va, et toi ?

4. – À tout à l'heure,
   monsieur.
   – Tchao, Paul.

a.

b.

c.

d.

Se présenter

32 **Complétez les mini-dialogues.**

1. – ....
   – Oui, merci. Et vous ?
2. – ....
   – Ça ne va pas du tout.
3. – Monsieur, je vous présente ma
   collègue, madame Charrière.
   – ....

4. – ....
   – Nous sommes le 2 octobre.
5. – À plus !
   – ....
6. – ....
   – Bonjour, mademoiselle.

33 **Lisez les informations des fiches et présentez les personnes, comme dans l'exemple.**

Matilde Toscani
15 ans
Italie
lycéenne

Marion Legrand
46 ans
Canada
dentiste

0. C'est Matilde. Elle s'appelle
Matilde Toscani. Elle a 15 ans.
Elle est italienne. Elle est lycéenne.

2. ....
....
....

André Petit
22 ans
France
étudiant

Luis Garcia
13 ans
Espagne
collégien

1. ....
....
....

3. ....
....
....

34 CD•086 **Écoutez et indiquez si les affirmations sont vraies ou fausses, puis corrigez ces phrases.**

1. Thomas a 15 ans. V F ....
2. Il habite avec ses parents et son frère. V F ....
3. Son père est journaliste. V F ....
4. Sa mère s'appelle Susanne. V F ....
5. Ses sœurs sont jumelles. V F ....
6. Ils ont un cheval. V F ....

35 **Écrivez votre présentation en donnant le plus d'informations possible : nom, prénom, âge, membres de votre famille, éventuels animaux domestiques.**

....
....
....

36 CD•087 **Dictée. Écoutez et écrivez.**

1. .... 4. .... 7. ....
2. .... 5. .... 8. ....
3. .... 6. .... 9. ....

2

Qui est-ce ?

1 Lisez les fiches d'Omar Sy et de Vanessa Paradis, puis complétez les textes.

Prénom : Omar
Nom : Sy
Date de naissance :
20 janvier 1978
Lieu de naissance : Trappes
Profession : acteur
Film : Intouchables
Nationalité : française

1. Salut ! Je me m'appelle (**1**) ....
J'ai (**2**) .... ans, je suis né à
(**3**) .... en (**4**) ....
Je suis (**5**) .... Je suis le
protagoniste du film *Intouchables*.

Prénom : Vanessa
Nom : Paradis
Date de naissance :
22 décembre 1972
Lieu de naissance :
Saint-Maur-des-Fossés
Profession : chanteuse et actrice
Chanson : La Seine
Nationalité : française

2. Bonjour ! Je m'appelle (**1**) ....
Je suis (**2**) .... et (**3**) ....
Je suis née en (**4**) ...., à (**5**) ....,
je suis de nationalité (**6**) ....
Ma chanson préférée, c'est *La Seine* et j'aime
beaucoup mon métier d'actrice !

2 🎧 CD•088 Écoutez l'interview et répondez.

1. Quel est son prénom ?

a. ☐ Marie.
b. ☐ Maude.
c. ☐ Muriel.

2. Quelle est sa profession ?

a. ☐ Comédienne.
b. ☐ Musicienne.
c. ☐ Journaliste.

3. Elle a quel âge ?

a. ☐ 34 ans.
b. ☐ 24 ans.
c. ☐ 44 ans.

3 🎧 CD•089 Écoutez et associez la phrase à l'image correspondante.
DELF

a. ☐   b. ☐   c. ☐   d. ☐   e. ☐

Dans mon sac, j'ai...

4 🎧 CD•090 Écoutez le dialogue et cochez les objets qu'il y a dans le sac de la dame.

a. ☐ un livre
b. ☐ des mouchoirs
c. ☐ une brosse à dents
d. ☐ des clés
e. ☐ un ordinateur

f. ☐ un rouge à lèvres
g. ☐ un téléphone
h. ☐ un stylo
i. ☐ un appareil photo
j. ☐ un parapluie

MOTS ET EXPRESSIONS

5 Choisissez la profession qui correspond à l'image.

1.

a. Je suis médecin.
b. Je suis mannequin.
c. Je suis avocate.

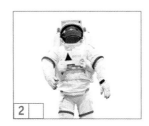

2.

a. Je suis juge.
b. Je suis astronaute.
c. Je suis journaliste.

3.

a. Je suis pharmacien.
b. Je suis comédien.
c. Je suis joueur de tennis.

4.

a. Je suis actrice.
b. Je suis professeure.
c. Je suis infirmière.

6 Répondez aux questions comme dans l'exemple.

0. Qui soigne les malades ? .... *Un médecin.* ....
1. Qui joue dans un film ? ....
2. Qui dessine ? ....
3. Qui joue au tennis ? ....
4. Qui enseigne au lycée ? ....
5. Qui joue dans un orchestre ? ....
6. Qui écrit des articles de journal ? ....

7 Observez l'image et écrivez le nom des objets à l'aide des mots suivants. Attention aux intrus !

un ordinateur • une bouteille • des clés • un appareil photo • un sac de sport • un téléphone • une télévision • un agenda

1. ....
2. ....
3. ....
4. ....
5. ....

2

▶ La formation du féminin (2)

8 **Complétez les textes avec le mot entre parenthèses à la forme correcte.**

A. Elle s'appelle Miriam, elle est (1) ....
(*musicien*), c'est une (2) ....
(*pianiste célèbre*). Elle est (3) .... (*petit*),
(4) .... (*discret*) et (5) .... (*fragile*),
mais très (6) .... (*déterminé*). C'est
la fille (7) .... (*cadet*) d'une famille
(8) .... (*brésilien*) qui habite en
Italie. Elle vit (9) .... (*seul*), elle n'est
pas (10) .... (*marié*).

B. Jeanne et Marion sont (1) .... (*canadien*).
Ce sont deux (2) .... (*étudiant*) en
histoire de l'art. Elles aiment la culture
(3) .... (*européen*) et elles vont à
l'université à Paris. Elles habitent avec deux
filles (4) .... (*marocain*) très (5) ....
(*mignon*). Jeanne aime les spécialités
(6) .... (*indien*), Marion préfère une
cuisine plus (7) .... (*traditionnel*).

9 **Transformez au féminin.**

1. Il est comédien.
2. C'est un ami commun.
3. C'est un jeune homme gentil mais sot.
4. Le voisin de Pierre est américain.
5. J'ai des cousins australiens.
6. C'est un grand champion de tennis.
7. Voilà un gros paysan breton.
8. Il est nul en maths.

10 **Jean est un élève distrait. Il a écrit des phrases au féminin et il a fait quelques erreurs. Corrigez-les et réécrivez les phrases.**

1. C'est une dame élégant et raffiné.
....
2. Il est grosse.
....
3. Il a une cousine mexicain.
....
4. Cette crème est trop épais.
....
5. C'est une grande champion de tennis.
....
6. J'ai des chaussures un peu vieillots.
....
7. Tu aimes les filles italiens.
....

▶ La phrase interrogative

11 **Associez les questions aux réponses.**

1. ☐ Il a quel âge ?
2. ☐ Où est-ce que tu vas demain ?
3. ☐ Tu viens seule ?
4. ☐ Vous n'habitez pas à la campagne ?
5. ☐ Quelle est votre profession ?
6. ☐ Nous arrivons quand ?

a. Si, nous habitons à la campagne.
b. Je suis retraité.
c. Il a 14 ans.
d. Je vais à la mer.
e. Nous arrivons dans une heure.
f. Non, je viens avec une amie.

12 **Transformez avec *est-ce que*.**

0. Tu es vendeur ? *Est-ce que tu es vendeur ?*
1. Elles sont roumaines ?
....
2. Ils travaillent à Paris ?
....
3. Pourquoi tu ne vas pas au cinéma ?
....
4. Il est instituteur ?
....
5. Vous habitez où ?
....
6. Tu vas quand à Londres ?
....

13 **Mettez les éléments dans le bon ordre et écrivez les phrases.**

1. c'est / qu' / Une / est-ce / trousse, / que / ?
....
2. là-bas, / garçon / Le / est-ce / qui / ?
....
3. qu'/ sac / y / est-ce / dans / il / a / Qu'/ ton / ?
....

▶ *Qu'est-ce que c'est ? / Qui est-ce ?*

14 **Trouvez les questions.**

1. C'est un acteur américain.
....
2. Ce sont des casques audio.
....
3. Ce sont les copains de Pierre.
....
4. C'est mon portable.
....

▶ La phrase négative (1)

15 **Transformez les phrases à la forme affirmative.**

1. Joël Dicker n'est pas écrivain.
2. Elle n'est pas anglaise.
3. Ils n'étudient pas à Londres.
4. Ce n'est pas le portable de Luc.
5. Elles n'habitent pas à Madrid.
6. Nous ne parlons pas espagnol.

16 **Remettez les mots dans le bon ordre pour former des phrases négatives.**

1. parle / allemand / pas / ne / Diego

   ....

2. n' / pas / Mika / japonais / est

   ....

3. est / pas / n' / musicien / Brad Pitt

   ....

4. l' / pas / de l' / étudie / n' / Yannick / art / histoire

   ....

17 **Transformez les phrases à la forme négative.**

1. Ils parlent chinois.

   ....

2. Tu habites à Paris ?

   ....

3. Vous êtes en vacances.

   ....

4. Ce sont des commerçants libanais.

   ....

5. Elle étudie l'espagnol.

   ....

6. C'est un avocat anglais.

   ....

▶ C'est / Il est (1)

18 **Complétez avec *il est, elle est, ils sont, elles sont, c'est, ce sont*.**

A Regarde cette photo !

B Qui est-ce ?

A (1) .... Johnny Depp.

B Johnny Depp ?

A Mais oui, (2) .... américain, (3) .... un acteur célèbre.

B C'est vrai. (4) .... le protagoniste du film *Pirates des Caraïbes*.

A Et elle ? (5) .... une actrice ?

B Non, c'est Adèle, (6) .... chanteuse.

A C'est vrai. (7) .... une chanteuse anglaise.

B Moi, je n'aime pas ses chansons, j'écoute plutôt Lady Gaga et Madonna. (8) .... mes chanteuses préférées.

A (9) .... américaines ?

B Oui, et elles sont connues dans le monde entier.

A Et moi, j'adore les Coldplay, (10) .... anglais. (11) .... un groupe super.

▶ Les verbes du premier groupe

19 **Conjuguez les verbes au présent.**

1. Vous .... (*parler*) espagnol ?
2. Elles .... (*habiter*) au Mexique.
3. Tu .... (*étudier*) combien de langues ?
4. Je .... (*saluer*) mon voisin.
5. Nous .... (*téléphoner*) en Italie.
6. Il nous .... (*présenter*) son professeur.

▶ Les verbes *aller* et *venir*

20 **Conjuguez les verbes entre parenthèses au présent.**

1. Elles .... (*aller*) en Espagne pour les vacances.
2. Je .... (*venir*) d'Italie.
3. Ces livres .... (*appartenir*) à Sophie.
4. Tu .... (*revenir*) demain ?
5. Nous .... (*tenir*) à vous.
6. Ils .... (*intervenir*) toujours.
7. Vous .... (*obtenir*) de bons résultats.

21 **Traduction. Traduisez dans votre langue.**

1. Ce n'est pas une journaliste américaine.
2. Où est-ce que vous travaillez ?
3. – Qui est-ce ?
   – Ce sont des musiciens. Ils sont anglais.
4. D'où est-ce qu'ils viennent ?
5. Quelle est ta nationalité ?
6. – Excusez-moi, madame, vous êtes mariée ?
   – Non, je ne suis pas mariée.
7. – Qu'est-ce que c'est ? – C'est une brosse.
8. – Merci beaucoup. – De rien.

Demander et répondre poliment

22 🎧 CD•091 **Écoutez et complétez avec les expressions qui manquent.**

1. **À l'école**

(1) ...., vous pouvez répéter, (2) .... ?

2. **À l'arrêt de bus**

(3) ...., le cinéma Odéon est loin d'ici ?

3. **Dans la rue**

– Bonjour Albert, ça va ? Tu es libre samedi soir ? (4) .... t'inviter chez moi.

– (5) .... ! J'accepte (6) ....

4. **Au lycée**

– Voilà ton livre.

– (7) ....

– (8) ....

23 **Observez les dessins et écrivez les expressions de politesse utilisées par les personnages.**

1. .... 2. .... 3. .... 4. ....

Demander des informations personnelles

24 🎧 CD•092 **Écoutez le dialogue et remplissez la fiche.**

Nom : ....

Prénom : ....

Ville : ....

Pays : ....

Profession : ....

25 **Vous êtes journaliste et vous interviewez le champion de natation Yannick Agnel. À partir des réponses, retrouvez les questions.**

DELF

1. .... Je m'appelle Yannick.
2. .... Agnel.
3. .... J'ai 21 ans.
4. .... Je suis nageur professionnel.
5. .... Je suis français.
6. .... Je parle français.
7. .... J'habite à Nîmes.

26 **Complétez le dialogue.**

A Bonjour madame, c'est pour l'inscription à la piscine.
B J'ai besoin de quelques informations pour ta fiche.
   (1) ....
A Louis David.
B (2) ....
A David.
B (3) ....
A J'ai 15 ans.
B (4) ....
A Je suis né le 15 mars 2000.
B (5) ....
A J'habite ici, à Toulouse.
B (6) ....
A 14, rue du Taur.
B (7) ....
A C'est le 05 48 67 29 55.
B C'est tout. Merci. Le cours commence demain.
A À demain alors. Au revoir.

27 Un nouvel élève arrive dans votre classe. Faites la liste des questions que vous voulez lui poser pour faire connaissance. Inspirez-vous des questions de l'exercice précédent.

28 CD•093 Le bureau de Sophie. Écoutez et répondez aux questions.

1. Sur son bureau, Sophie a six ou dix objets ?
   ....
2. Écrivez les noms des objets.
   ....
3. Quel objet n'est pas sur son bureau ?
   ....

29 On vous a volé votre sac à dos. Vous êtes au poste de police pour déposer plainte. Vous faites la liste des objets qu'il y a dans votre sac.

   ....
   ....
   ....
   ....
   ....
   ....
   ....

30 CD•094 Dictée. Écoutez et écrivez.

   ....
   ....
   ....
   ....
   ....
   ....

1 **Lisez les définitions puis écrivez le nom du pays qui correspond.**

1. C'est le pays du tango.
C'est ....
2. C'est le pays du Big Ben.
C'est ....
3. C'est le pays de la baguette.
C'est ....
4. C'est le pays de la corrida.
C'est ....
5. C'est le pays des kangourous.
C'est ....
6. C'est le pays de la statue de la Liberté.
Ce sont ....

.... / 6

2 **Complétez avec les noms des mois qui manquent.**

janvier			mars	avril
	juin			
septembre			novembre	

.... / 6

3 **Écrivez les chiffres en lettres.**

1. 37 ....
2. 14 ....
3. 4 ....
4. 16 ....
5. 6 ....
6. 42 ....
7. 9 ....
8. 61 ....

.... / 8

4 **Complétez les dialogues avec les expressions de la liste.**

vous allez bien • avec plaisir • au revoir • salut • on fait aller • merci • pardon • enchanté • bonne journée • de rien • bonjour • pas mal

Dialogue 1
A (1) ...., monsieur Dupont.
B Madame Lorris, (2) .... ?
A Assez bien, (3) ....
B (4) ...., madame, et (5) ....

Dialogue 2
A Monsieur, je vous présente ma femme.
B (1) ...., madame.
A Vous venez à la maison, demain ?
B (2)................ .

Dialogue 3
A (1) .... madame, la gare ?
B Là, devant vous.
A Merci.
B (2) ....

Dialogue 4
A (1) .... Laurent, ça va ?
B Salut Pierre, (2) ...., et toi ?
A (3) ....

.... / 12

5 **Complétez avec un article défini ou indéfini.**

1. .... dimanche, je ne travaille pas.
2. .... copine de mon frère va au lycée.
3. Vous avez .... adresse à Paris ?
4. Dans ma trousse, j'ai .... stylos.
5. .... parents de Sylvie sont journalistes.
6. C'est .... musicienne américaine.
7. Voilà Caroline, c'est .... amie de ma sœur.
8. C'est .... Japonais qui habite en France.

.... / 8

6 **Complétez avec un adjectif possessif.**

1. Tu me prêtes .... stylo, s'il te plaît ?
2. Anne et Cédric partent en vacances avec .... copains.
3. Vous avez .... passeport, madame ?
4. Le matin, je suis seule : .... mari est au travail.
5. – C'est la mère de Christine ?
– Oui, c'est .... mère.
6. Nous appelons .... ami australien.
7. Sylvie a de la chance : elle habite à côté de .... école.
8. – Ce sont .... clés, monsieur ?
– Oui, je vous remercie beaucoup.
9. Je ne trouve pas .... lunettes de soleil.
10. – C'est le frère de Sophie et de Jeanne ?
– Oui, c'est .... frère.

.... / 10

7 **Transformez au féminin.**

1. Le chat gris. ....
2. Un comédien magnifique. ....
3. Le frère cadet. ....
4. Un élève nul. ....
5. Un américain âgé. ....

.... / 5

8 Complétez avec les adjectifs de nationalité (et faites l'accord en genre et en nombre, si nécessaire).

1. Fatima est née à Casablanca.
   Elle est ....
2. Irène habite à Athènes.
   Elle est ....
3. Susan et sa sœur sont nées à Londres.
   Elles sont ....
4. Yang vient de Pékin. Il est ....
5. Elle s'appelle Maria Rossi.
   Elle est ....
6. La ville de Carmen est Madrid.
   Carmen est ....
7. Les Schweitzer habitent à Berlin.
   Ils sont ....
8. Les frères Vashuck viennent de Moscou.
   Ils sont ....

.... / 8

9 Transformez les phrases au pluriel.

1. Elle a un chien.
   ....
2. Il est portugais.
   ....
3. Je suis employé.
   ....
4. Mon frère habite à Paris.
   ....
5. C'est un médecin scrupuleux.
   ....
6. Notre ami aime jouer.
   ....

.... / 6

10 Associez la question à la réponse qui correspond.

1. ☐ Qu'est-ce que tu fais dans la vie ?
2. ☐ Qu'est-ce que c'est ?
3. ☐ Qui est-ce ?
4. ☐ Qu'est-ce que c'est ?
5. ☐ Qui est-ce ?

a. Ce sont les livres de français.
b. Ce sont les amis de Sophie.
c. Je suis médecin.
d. C'est le professeur d'anglais.
e. C'est un ordinateur.

.... / 5

11 Associez les éléments pour former une phrase correcte.

1. ☐ Elle, c'est
2. ☐ Sa profession ? Elle est
3. ☐ Ils sont
4. ☐ Ce sont
5. ☐ Il est né en Italie, il est
6. ☐ Il vient de Rome, c'est
7. ☐ Regarde ce garçon. C'est
8. ☐ C'est ta sœur ? Oui, c'est

a. architecte.
b. les voisins de Sandrine.
c. Corinne.
d. italien.
e. australiens.
f. l'ami de Sophie.
g. un étudiant italien.
h. ma sœur.

.... / 8

12 Trouvez la question pour chaque réponse.

1. ....
   Il habite à Paris.
2. ....
   Si, je suis canadienne.
3. ....
   Il s'appelle Pierre.
4. ....
   Je viens d'Italie.
5. ....
   Oui, j'étudie le français.

.... / 5

13 Transformez les phrases à la forme négative.

1. Tu es pacsé.
2. Ce sont des Sénégalais.
3. Nous habitons en France.
4. Est-ce qu'ils étudient l'anglais ?
5. C'est un élève de 1re.

.... / 5

14 Conjuguez au présent les verbes entre parenthèses.

1. Nous .... (parler) italien.
2. Elle .... (s'appeler) Martine.
3. Ils .... (travailler) en Turquie.
4. Vous .... (venir) dimanche ?
5. Tu .... (aller) à Lyon ?
6. J'..................... (avoir) 37 ans.
7. Ils .... (aller) à l'école.
8. Nous .... (être) marocains.

.... / 8

TOTAL .... / 100

3

Il est comment ?

1 **Décrivez les personnes indiquées, comme dans l'exemple. Faites attention à l'accord des adjectifs.**

0. Giovanni / petit / mince / roux / yeux verts
   Giovanni est petit et mince. Il a les cheveux roux et les yeux verts.
1. Annette / grand / maigre / visage ovale / nez fin / lunettes
2. Paul / grand / costaud / cheveux châtains mi-longs / nez crochu
3. Marcel / petit / gros / nez en trompette / oreilles décollées
4. Louis / beau / cheveux blonds et courts / taches de rousseur
5. Sophie / taille moyenne / cheveux longs / queue de cheval
6. Anna / petit / mince / yeux noirs / cheveux crépus

2 🎧 **CD•095 Écoutez et associez chaque description à l'image correspondante.**

DELF

a.   b.   c.   d.

3 **Écrivez la partie du visage qui correspond à chaque groupe d'adjectifs, puis barrez l'intrus.**

1. .... : petit / long / aquilin / gros / costaud
2. .... : ovale / retroussé / rond / allongé / carré
3. .... : roux / gris / verts / noirs / bleus
4. .... : raides / châtains / frisés / blonds / marron

Allô ?

4 **Remettez dans l'ordre les répliques de cette conversation téléphonique.**

☐ Je suis bien au 01 87 59 97 78 ?
☐ Allô, bonjour, c'est Jean à l'appareil. Je voudrais parler à Christine.
☐ Au revoir madame, et encore pardon.

☐ Oh, excusez-moi, je me suis trompé de numéro.
☐ Ah, non, c'est une erreur.
☐ Pardon ? Quel numéro demandez-vous ?
☐ Ce n'est pas grave. Au revoir.

3

5 Associez les questions aux réponses.

1. ☐ C'est de la part de qui ?
2. ☐ Qui est à l'appareil ?
3. ☐ Allô ! C'est Paul. Marie est là ?
4. ☐ Bonjour madame, Alain est à la maison ?
5. ☐ Vous voulez laisser un message ?
6. ☐ Quel numéro vous demandez ?

a. Je regrette, il n'est pas là.
b. Le 06 23 75 81 38.
c. De Julien Roullin.
d. Sylvie à l'appareil.
e. Ne quitte pas. Je te la passe.
f. Non, merci. Je rappelle plus tard.

MOTS ET EXPRESSIONS

6 Choisissez la forme correcte.

1. Bonjour, *madame / dame* Sellers. Ça va ?
2. Une *demoiselle / mademoiselle* anglaise habite chez mes voisins.
3. Le *messieurs / monsieur* devant l'école est mon prof d'anglais.
4. Les *dames / mesdames* du secrétariat sont très gentilles.
5. *Madame / Mesdames* et messieurs, voilà vos tickets.

7 Associez chaque adjectif à son contraire.

1. ☐ beau
2. ☐ petite
3. ☐ longs
4. ☐ jeune
5. ☐ pessimiste
6. ☐ gros
7. ☐ brune
8. ☐ bouclés

a. blonde
b. vieux
c. raides
d. courts
e. mince
f. laid
g. grande
h. optimiste

8 Lisez les définitions et indiquez si l'adjectif utilisé convient ou non.

Oui Non

1. Chloé aime sortir avec ses amis. Elle est sociable. ☐ ☐
2. Marion fait toujours ses devoirs. Elle est studieuse. ☐ ☐
3. Paul écoute attentivement pendant les cours. Il est distrait. ☐ ☐
4. Claudine pense que la vie est belle. Elle est pessimiste. ☐ ☐
5. Sélénia parle beaucoup. Elle est bavarde. ☐ ☐
6. Jean-Pierre travaille toute la journée. Il est paresseux. ☐ ☐

9 Où se trouve le ballon ? Répondez comme dans l'exemple.

0. Le ballon est sur la boîte.
1. ....
2. ....
3. ....
4. ....
5. ....
6. ....
7. ....

dix-sept **C17**

▶ **La formation du féminin (3)**

10 **Choisissez l'adjectif qui convient.**

1. C'est une fille *grand / sportif / heureuse*.
2. M. Rica est *américaine / turc / merveilleuse*.
3. L'eau est *doux / froide / chaud*.
4. C'est une *bref / longue / faux* histoire.
5. Un homme *joyeuse / étranger / blanche*.
6. C'est la *dernier / première / seul* fois que je vais au Maroc.

11 **Complétez le tableau.**

un homme...	une femme...
généreux	
actif	
doux	
jaloux	
roux	
cher	
amoureux	
grec	
agressif	

▶ **Les articles contractés**

12 **Complétez avec la forme correcte.**

à • à la • au • à l' • aux • à

1. Caroline parle .... son ami.
2. Je téléphone .... mère de Sandrine.
3. Il pense .... Justine.
4. Rendez-vous .... théâtre à 9 heures !
5. Nous parlons .... employés.
6. Vous travaillez .... hôtel « Léonard » ?

13 **Complétez avec la forme correcte.**

de • d' • de la • du • de • de l' • des

1. L'ami .... mon voisin est un jeune professeur allemand.
2. Je regarde volontiers les photos .... enfants.
3. Le nouveau copain .... Annie est vraiment sympathique.
4. La secrétaire .... avocat est toujours gentille et disponible.
5. La fille .... professeur est mignonne.
6. J'adore les cheveux .... fille .... madame Claudine.

▶ **Les pronoms personnels toniques**

14 **Complétez avec le pronom personnel tonique.**

1. ...., je ne suis pas petit.
2. – C'est Paul ? – Oui, c'est ....
3. .... aussi, ils font du latin.
4. ...., nous travaillons et ...., vous regardez la télé : quelle injustice !
5. Les Martin sont mes voisins, je vais volontiers chez ....
6. Et ...., tu parles combien de langues ?
7. Et ...., est-ce que vous avez un chat ?
8. ...., elles sont irlandaises, non ?

15 **Complétez avec les pronoms sujets ou toniques.**

1. – Qui est-ce ? C'est ...., Lucie ? – Oui, c'est .... .
2. .... travaillons, ... aussi.
3. ...., il parle italien et elle, ... parle russe.
4. Mes amis sont encore chez ....
5. Paul et ...., ... allons à la piscine.
6. Elle sort avec .... parce qu'....... est très gentil.

▶ **Le pronom sujet *on* (*on = nous*)**

16 **Complétez avec *nous* ou *on*.**

1. En ce moment, ... sommes en cours de français.
2. Le jeudi, ... finit les cours à 14 heures.
3. .... allons chez Jennifer après la piscine.
4. Dans ma famille, ... adore la musique classique.
5. Demain .... fait le travail au CDI à la bibliothèque ? .... n'a pas d'ordinateur à la maison.
6. .... habitons à Bruxelles, près de la Grand-Place.
7. Cet après-midi, ... va chez le dentiste.
8. .... préférons rester à la maison ce soir ; .... sommes très fatigués.

▶ **Les nombres**

17 🎧 CD•096 **Écoutez et écrivez les numéros de téléphone.**

1. ....
2. ....
3. ....
4. ....
5. ....

18 **Écrivez en lettres ces dates célèbres. À quel événement correspondent-elles?**

1. 1789. ....
2. 1492. ....

▶ Les adverbes interrogatifs

19 **Trouvez les questions.**

1. Je viens d'Espagne.

   ....

2. Nous allons bien.

   ....

3. Ils arrivent demain.

   ....

4. Elle a deux sœurs.

   ....

5. Il va au stade.

   ....

6. Parce que je suis fatigué.

   ....

▶ Les prépositions de lieu (1)

20 **Complétez avec une préposition de lieu.**

1. Le portable est .... mon sac.
2. .... mes livres, je préfère *Harry Potter*.
3. Il marche .... la rue.
4. Elle habite .... de chez moi.
5. Mes copines viennent .... moi.
6. La poste est .... l'école et le cinéma.
7. Rendez-vous .... le cinéma, à l'entrée.

21 **Mettez les mots dans le bon ordre.**

1. dans / portable / mon / Mon / sac / est

   ....

2. Dupont / - / de / famille / habite / au / moi / La / dessous / chez

   ....

3. a / chat / le / Il / canapé / derrière / un / y

   ....

4. sont / Les / devant / télé / la / enfants

   ....

5. horloge / se / L' / entre / et / la / la / fenêtre / trouve / porte

   ....

6. de / lui / chez / viennent / Elles

   ....

7. vers / dirige / se / Il / lui

   ....

8. vous / Qui / allemand / parmi / ? / parle

   ....

▶ Les verbes en *-ir* (2ᵉ groupe)

22 **Conjuguez le verbe au présent de l'indicatif.**

1. Ils .... (*finir*) leurs devoirs avant de sortir.
2. En vacances, je .... (*grossir*)
3. Quand on .... (*vieillir*), les cheveux .... (*blanchir*)
4. Les filles, vous êtes vraiment timides ! Vous .... (*rougir*) toujours.
5. Tu ne .... (*grandir*) pas. Tu es encore un petit enfant.
6. Nous .... (*applaudir*) pour encourager les acteurs.
7. Les ouvriers .... (*démolir*) notre vieille maison.
8. Il .... (*réussir*) toujours à trouver une solution.

▶ Le verbe *faire*

23 **Conjuguez *faire* au présent de l'indicatif.**

1. – Qu'est-ce que tu .... ?
   – Je regarde la télé.
2. Elle veut téléphoner à sa copine mais elle .... un faux numéro.
3. Aujourd'hui, Isabelle et Arnaud .... une promenade avec leurs amis.
4. – Qu'est-ce que vous .... ? – Je suis avocat.
5. Je .... semblant de comprendre pour éviter les questions.
6. Mon copain et moi, nous .... du sport le dimanche.

24 **Traduction. Traduisez dans votre langue.**

1. Lui, c'est mon nouveau voisin, et eux, ce sont ses parents.
2. – Qui est-ce ? – C'est nous.
3. Sur ma table, il y a ma trousse, et il y a aussi mes livres.
4. – Philippe est là ? – Non, il n'est pas là.
5. La dame devant la porte de mon école, c'est madame Dupont.
6. Elle travaille avec elle : c'est l'amie de Noémie.
7. Où est-ce que tu vas dimanche ? – Je vais chez les parents de Luisa.
8. Le frère de mon amie est petit et blond.
9. – Pourquoi tu ne finis pas tes devoirs ?
   – Parce que je suis fatiguée.

Décrire l'aspect physique et le caractère

25 À l'aide de la photo et de la fiche, faites la description physique de Stromae.

Date de naissance : 12 mars 1985
Taille : 1 m 92
Poids : 80 kg
Yeux : gris vert

....
....
....
....

26 Premières impressions : d'après la photo de Stromae, choisissez quatre adjectifs parmi les suivants qui, selon vous, qualifient son caractère.

- ☐ sûr de lui-même
- ☐ coléreux
- ☐ sociable
- ☐ sympathique
- ☐ ouvert
- ☐ agressif
- ☐ indécis
- ☐ pessimiste
- ☐ réservé
- ☐ antipathique
- ☐ timide
- ☐ doux
- ☐ calme
- ☐ optimiste

27 Lisez le texte suivant et répondez aux questions.

De son vrai nom Paul Van Haver, Stromae est le génie du rap belge et de la chanson réaliste, artiste au physique atypique et à la voix douce et claire. Sa chanson «*Alors on danse*» est son premier succès planétaire.

Grand, beau, poli, il a l'air timide comme un enfant de 8 ans mais il est très déterminé. Réservé, il travaille chez lui, dans sa chambre et non dans un grand studio, et il n'aime pas que les médias s'occupent de sa vie privée. Toujours très souriant, il est superstitieux et porte un nœud papillon sur scène.

Dans ses textes, il fait toujours passer un message sans oublier quelques pointes d'humour.

En effet, l'ironie est un autre trait de son caractère.

1. Quel est le vrai nom de Stromae ? ....
2. Quelle est sa nationalité ? ....
3. Quel est le titre de son premier succès ? ....
4. Est-ce qu'il travaille dans un studio ? ....
5. Qu'est-ce qu'il n'aime pas ? ....
6. Pourquoi est-ce qu'il porte toujours un nœud papillon sur scène ? ....

28 À partir du texte ci-dessus, décrivez maintenant le caractère de Stromae.

....
....
....

29 Lisez le blog de Jean et répondez-lui en vous décrivant.

DELF

Salut tout le monde ! Je me présente, je m'appelle Jean et j'ai 15 ans.
Je suis de taille moyenne. J'ai les cheveux châtains mi-longs et les yeux verts. Mon nez est assez long et un peu aquilin. Je suis optimiste, tolérant et sociable, j'aime étudier les langues étrangères et aller au stade. Je cherche des amis pour parler de musique et de sport.

30 🎧 CD•097 Écoutez et associez chaque description à la phrase correspondante.

a. ☐ Antoine est distrait.
b. ☐ Maude et Hélène sont sportives.
c. ☐ Laura est triste.

d. ☐ Jacques est compréhensif.
e. ☐ Marius et Philippe sont bavards.
f. ☐ Pierre est courageux.

Parler au téléphone

31 🎧 CD•098 Écoutez la conversation téléphonique et répondez aux questions.

1. Qui téléphone ? ....
2. Elle cherche qui ? ....
3. Qui répond ? ....
4. Pourquoi la dame téléphone ? ....
5. Où est-ce qu'elle se trouve ? ....
6. Quel est son numéro de téléphone ? ....
7. Et le numéro de son portable ? ....

32 Au téléphone. **Complétez le dialogue.**

A ....

B Salut, Virginie !

A ....

B Non, je regrette, Maxime n'est pas là.

A ....

B Oui, bien sûr. Qu'est-ce que je dois lui dire ?

A S'il peut me ....

B Est-ce qu'il a ton numéro de téléphone ?

A Je vous le laisse : ....

B Ok. C'est noté.

A ....

B Au revoir, Virginie.

33 Écrivez des conversations téléphoniques en suivant les canevas.

1. A téléphone. Il / elle se présente et demande à parler à Paul.
   B répond que Paul n'est pas là. Il dit de rappeler plus tard.
2. A téléphone, et demande si Annie est là.
   B demande qui est à l'appareil.
   A se présente.
   B répond de ne pas raccrocher et qu'il la lui passe tout de suite.
   A remercie.
3. A téléphone. Il / elle demande s'il / elle est bien au bon numéro.
   B répond qu'il / elle s'est trompé(e).
   A s'excuse et salue.

34 🎧 CD•099 Dictée. Écoutez et écrivez les descriptions des amis de Maude.

....
....
....
....

4

Les loisirs

1 Choisissez une des deux activités proposées pour chaque personne.

1. Maxime est créatif et aime l'art. Le bricolage ou la peinture ?
   Maxime fait de la peinture.
2. Nadia aime l'eau et le sport. La natation ou le jogging ?
   ....
3. Jean-Luc n'est pas sportif, mais il aime être dans la nature.
   Le jardinage ou l'équitation ? ....
4. Étienne aime les sports d'équipe et les jeux de ballon.
   Le football ou le tennis ? ....
5. Aurore aime les promenades en montagne mais elle n'aime pas marcher.
   La randonnée ou le VTT ? ....
6. Michel et Gérard aiment la musique. Un concert ou la lecture ?
   ....

2 🎧 CD•100 Écoutez et complétez avec les expressions de la liste.

du jogging • à la montagne • de l'escalade et du ski • à la mer • de la natation

1. Où est-ce qu'ils habitent ? Ils habitent ....
2. Qu'est-ce qu'ils font sur la plage ? Ils font ....
3. Qu'est-ce qu'ils font le week-end ? Ils font ....
4. Où est-ce qu'ils partent en vacances ? Ils partent ....
5. Qu'est-ce qu'ils aiment faire ? Ils aiment faire ....

3 🎧 CD•101 Écoutez et associez chaque personne à son activité préférée.

1. ☐
2. ☐
3. ☐
4. ☐
5. ☐

a. la cuisine
b. le jogging
c. la natation
d. la lecture
e. le jardinage

La routine

4 Que font les personnages ?

1. ....
2. ....
3. ....
4. ....

C22   vingt-deux

MOTS ET EXPRESSIONS

5 **Chassez l'intrus et justifiez votre réponse.**

0. jardinage / ~~télévision~~ / bricolage / peinture
   La télévision n'est pas une activité manuelle.
1. escalade / randonnée / VTT / gymnastique
2. jogging / football / rugby / handball
3. guitare / dessin / piano / batterie
4. cartes / échecs / lecture / dames
5. cinéma / théâtre / jeux vidéo / télévision
6. aquagym / water polo / natation / athlétisme

Sports et loisirs

Les activités sportives et de loisir se pratiquent en salle ou en plein air. Certains sports se pratiquent individuellement, on parle alors de *sports individuels* et d'autres se pratiquent en équipe, on utilise l'expression *sports collectifs*.

6 CD•102 **Écoutez la présentation de l'association *Sport et culture* de Briançon. Quelles activités elle propose et à quelle heure ? Répondez en complétant le tableau avec les mots de la liste.**

gym suédoise • danse moderne • yoga • judo • dessin

	lundi	mardi	mercredi	jeudi	vendredi	samedi	dimanche
14 h 00							
15 h 00							
16 h 00							
17 h 00							
18 h 00							
19 h 00							
20 h 00							
21 h 00							

7 CD•103 **Écoutez Anaïs qui parle de son temps libre. Quelles sont ses activités préférées ? Avec quelle fréquence elle les pratique ? Complétez le tableau.**

	jamais	de temps en temps	souvent	toujours
1. regarder la télé	X			
2. faire du sport				
3. aller au théâtre				
4. aller au cinéma				
5. lire des romans				

8 **Écrivez la matière associée à chaque série de mots.**

1. le climat / le relief / une carte : ....
2. les Égyptiens / la Renaissance / la Révolution française : ....
3. le calcul / la géométrie / l'algèbre : ....
4. l'univers / l'évolution / la géologie : ....
5. le gymnase / la course à pied / le volley-ball : ....
6. le laboratoire / l'élément / la réaction : ....

4

▶ Les adjectifs interrogatifs

9 Associez les questions aux réponses.

1. ☐ Quelle école propose des cours de piano ?
2. ☐ Dans quelle pièce ils prennent leur petit-déjeuner ?
3. ☐ Quels jours il fait du tennis ?
4. ☐ À quelle heure commence la séance de cinéma ?
5. ☐ Quels sont les horaires d'ouverture de la piscine ?
6. ☐ Quelle est ta couleur préférée ?

a. Le rouge.
b. À 19 h 45.
c. Le lundi et le jeudi.
d. Dans la cuisine.
e. L'école municipale.
f. Tous les jours de 9 h 00 à 19 h 00.

10 Complétez avec *quel, quelle, quels, quelles*.

1. – Dans .... pays a lieu le plus grand carnaval du monde ? – Au Brésil.
2. – À .... heure se termine le cours de badminton de Sandrine ? – À 8 h 00.
3. – .... sont les activités culturelles de la mairie ? – Dessin, sculpture et ciné-club.
4. – Pour .... association Marion est-elle bénévole ? – Pour les *Restos du cœur*.
5. – .... sont les nouveaux horaires d'ouverture de la bibliothèque municipale ? – De 9 h 00 à 19 h 00 du lundi au samedi.
6. – .... films tu vas voir ? – *La Môme* et *Intouchables*.

▶ Les nombres ordinaux

11 Complétez avec les nombres ordinaux.

1. Notre club est arrivé .... (5e) au classement général.
2. L'équipe française se classe .... (2e) au tournoi de judo.
3. Dylan réalise un magnifique .... (1er) rang en junior.
4. Dubrovna remporte une très honorable .... (8e) place à la compétition de natation.
5. La Porche Carrera franchit la ligne d'arrivée en .... (20e) position.
6. Aujourd'hui, commence la .... (31e) édition du festival.

▶ L'heure

12 Choisissez l'expression correcte.

1. a. ☐ Il est onze heures et demie.
   b. ☐ Il est les onze et demie.
   c. ☐ Il est onze heures et demi.
2. a. ☐ Il est neuf heures et le quart.
   b. ☐ Il est neuf heures quinze.
   c. ☐ Il est neuf heures et quinze.
3. a. ☐ Il est dix heures et quarante.
   b. ☐ Ce sont neuf heures quarante.
   c. ☐ Il est dix heures moins vingt.
4. a. ☐ Je reste à l'école de huit heures à midi trente.
   b. ☐ Je reste à l'école de huit heures à douze heures trente.
   c. ☐ Je reste à l'école des huit heures aux douze heures trente.

13 Écrivez l'heure de toutes les manières possibles.

1. 8 h 45 ....
....
2. 12 h 30 ....
....
3. 14 h 15 ....
....

▶ Les pronoms personnels COD

14 Complétez avec le pronom personnel correct.

1. Ses parents, elle .... appelle rarement.
2. Mon agenda, je ne .... trouve jamais.
3. Mes amies ? Je .... retrouve demain.
4. Le pull bleu est magnifique ! Je .... achète !
5. Ma mère aime bien la télé, elle .... regarde souvent.

15 Récrivez les phrases comme dans l'exemple.

0. J'appelle <u>mon amie</u>. *Je l'appelle.*
1. Tu ne prends pas <u>le bus</u> ?
2. Vous répétez <u>votre adresse</u>, s'il vous plaît ?
3. Je ne connais pas <u>tes filles</u>.
4. Martine achète <u>les billets pour le concert</u>.
5. Mes enfants détestent <u>la salade</u>.
6. J'écoute souvent <u>les infos</u> à la radio.

16 **Répondez négativement ou affirmativement et utilisez des pronoms COD.**

1. – Est-ce que tu ranges ta chambre le matin ?
   – Non, ...
2. – Vous aimez les chansons de Zazie ?
   – Oui, ...
3. – Est-ce que vous regardez souvent la télé ?
   – Non, ...
4. – Vous attendez vos copains ?
   – Non, ...
5. – Tu achètes le journal ?
   – Oui, ...
6. – Est-ce que Martine prend le bus pour rentrer chez elle ? – Oui, ...

▶ **Les verbes pronominaux**

17 **Remettez dans le bon ordre les phrases suivantes.**

1. enfants / se / pas / réveillent / Les / avant / 7 h / ne
   ....
2. la / pas / plage / Hervé et Michel / se / promènent / sur / ne
   ....
3. à / fête / nous / Nous / préparons / pour / une / aller
   ....
4. maquille / pour / à / me / Je / aller / ne / pas / la / piscine
   ....
5. vous / soir / couchez / Vous / tôt / le / ?
   ....
6. Camille / aller / pour / travail / bus / se / au / déplace / en
   ....

18 **Complétez en conjuguant les verbes.**

Elle (**1**) .... (se réveiller) la première et elle (**2**) .... (se préparer) : elle (**3**) .... (se doucher) et elle (**4**) .... (se maquiller). Ensuite elle réveille les enfants. Pendant qu'ils (**5**) .... (se lever) et qu'ils (**6**) .... (se laver), elle prépare le petit-déjeuner. Ils mangent tous ensemble. Enfin, ils partent en voiture et elle les dépose à l'école.

19 **Sur le modèle de l'exercice 18, décrivez ce que vous faites le matin.**

....
....
....

▶ **Les verbes du premier groupe en -e_er, -é_er, -eler, -eter**

20 **Transformez comme dans les exemples.**

0. Elle espère. Elles espèrent..
   Vous cédez. Tu cèdes..
1. Je me promène. Nous ....
2. Vous rappelez. Tu ....
3. Tu pèles. Vous ....
4. Nous jetons. Je ....
5. Nous achetons. Elles ....
6. Vous gelez. Il ....

21 **Complétez en conjuguant les verbes.**

1. Moi, c'est Caroline. Mes amis m' .... (appeler) Caro.
2. Vous .... (acheter) des livres pour vos enfants ?
3. Anne .... (se lever) très tôt tous les jours.
4. Tu .... (préférer) aller au resto ou au cinéma ?
5. Ils .... (jeter) leur argent par la fenêtre.
6. Je .... (répéter) encore une fois la consigne de l'exercice.

▶ **Le verbe prendre**

22 **Conjuguez les verbes entre parenthèses.**

1. Mon père .... (prendre) l'avion à onze heures.
2. J' .... (apprendre) l'allemand au lycée.
3. Tu .... (reprendre) un peu de thé ?
4. Mes parents .... (prendre) toujours un dessert à la fin du repas.
5. Nous ne .... (comprendre) pas pourquoi Lucas ne veut pas venir avec nous au théâtre.
6. Moi, je voudrais un café. Et vous, M. Legrand, qu'est-ce que vous .... (prendre) ?

23 **Traduction. Traduisez dans votre langue.**

1. Je ne vais jamais à la piscine parce que je n'aime pas la natation. Je préfère aller à la montagne.
2. Je vais au cinéma une fois par semaine, et au théâtre tous les deux mois.
3. Il tombe toujours amoureux, et après il se dispute avec sa petite amie.
4. Je me réveille tous les jours à 7 h 10. Le dimanche, je me lève à 10 h 30.
5. Au printemps, j'aime beaucoup me promener dans la campagne.

Exprimer ses goûts et ses préférences

24 **La liste de vos goûts. Écrivez...**

1. trois activités que vous détestez faire : ....
2. trois activités que vous aimez faire : ....
3. trois activités que vous adorez faire : ....

25 **Pour chaque catégorie, dites ce que vous aimez et ce que vous n'aimez pas, en variant les expressions.**

0. Animaux   J'aime les chats, mais je n'aime pas les chiens. ....
1. Sports   ....
2. Jeux   ....
3. Musique   ....
4. Films   ....
5. Lecture   ....
6. Passe-temps   ....

26 **Observez la liste : écrivez dans la deuxième colonne quelles activités vous aimez et quelles activités vous n'aimez pas et combien de temps par jour/par semaine vous y consacrez.**

0. regarder la télé	J'aime regarder la télé. Je la regarde 3 heures par jour.
1. surfer sur Internet	
2. jouer aux jeux vidéo	
3. écouter de la musique	
4. étudier	
5. faire du sport	
6. lire	
7. aller au théâtre ou au cinéma	
8. jouer d'un instrument de musique	

27 **Et en vacances, qu'est-ce que vous aimez faire ? Écrivez un texte en vous aidant des questions suivantes :**

Vous vous levez tôt ? Quels sports vous pratiquez ? Avec quelle fréquence ? Quelles activités culturelles vous aimez faire ? Qu'est-ce que vous faites le soir ? Vous vous couchez tard ?

Décrire sa journée

28 CD•104 **Écoutez l'interview et complétez le tableau avec les informations demandées.**

	Qu'est-ce qu'il/elle voudrait changer ?	Pour quoi faire ?
Sophie	changer de	pour
Antoine	changer de	pour
Alain	changer de	pour
Mélina	changer de	pour
Annie	changer de	pour

29 **Et vous, qu'est-ce que vous voudriez changer...**

- de votre aspect physique ?
- de votre famille ?
- de votre chambre ?
- de votre école ?

30 🎧 CD•105 **Écoutez et remettez les images selon l'ordre chronologique.**

31 **Décrivez les habitudes de la famille de l'exercice précédent.**

32 **Lisez l'interview. Dites si les affirmations sont vraies ou fausses et corrigez les fausses.**

Bonjour Jean-Pascal. Comment ça se passe la journée d'un acteur ?
Quand je ne tourne pas de film, je me lève tôt le matin, vers 7 heures. Ensuite je fais deux heures de gym avec mon entraîneur personnel. C'est peut-être beaucoup, mais un acteur doit être toujours en forme. Ensuite je me douche et je prends mon petit-déjeuner. Puis je me promène en ville et souvent je déjeune dans un resto. L'après-midi est consacré à l'étude des scénarios ou aux répétitions. Avant le dîner, parfois je prends un apéro avec des amis mais le soir je reste souvent à la maison. La vie mondaine ne m'attire pas beaucoup, je préfère rester tranquille chez moi. J'adore lire ou regarder la télé. Je ne me couche pas tard, jamais après minuit.
Est-ce que vous êtes content de votre vie ?
Oui, complètement. Je suis satisfait et je ne veux rien changer.

1. Jean-Pascal est chanteur. V F
2. En ce moment, il ne tourne pas de film. V F
3. Le matin, il se lève tard. V F
4. Le matin, il fait deux heures de gym. V F
5. Il ne déjeune jamais au resto. V F
6. L'après-midi il étudie des scénarios. V F
7. Il aime beaucoup la vie mondaine et il se couche tard. V F
8. Il ne veut rien changer dans sa vie. V F

33 🎧 CD•106 **Dictée. Écoutez et écrivez le programme des vacances d'Évelyne.**

....
....
....

1   **Écrivez le contraire.**

1. Elle est grosse. Elle est ....
2. Elle a un visage rond.
   Elle a un visage ....
3. Elle a un gros nez.
   Elle a un .... nez.
4. Elle a les cheveux longs.
   Elle a les cheveux ....
5. Ses cheveux sont bouclés.
   Ses cheveux sont ....
6. Elle est paresseuse. Elle est ....
7. Elle est égoïste. Elle est ....
8. Elle est laide ! Elle est .... !

.... / 8

2   **Complétez avec la saison.**

1. Les feuilles tombent.
   Nous sommes ....
2. Il fait très chaud.
   Nous sommes ....
3. Les arbres fleurissent.
   Nous sommes ....
4. Il fait froid et il gèle.
   Nous sommes ....

.... / 4

3   **Complétez les conversations téléphoniques suivantes.**

A. – Allô, ... à Marie.
   – .... ?
   – De Michel.
   – ...., je te la passe.

B. – Allô, ... Mme Duparc. Je suis bien au 01 33 87 99 21 ?
   – Non, ici c'est le 01 33 87 98 21. ....
   ....
   – Oh ! Excusez-moi.

.... / 5

4   **Entourez l'expression appropriée.**

1. Je *ne vais jamais / vais toujours* à l'opéra. Je n'aime pas ça.
2. Élise regarde *rarement / souvent* les documentaires de voyage à la télévision. Elle adore voyager.
3. Julie va *rarement / toujours* en vacances à la montagne. Elle préfère aller à la mer.
4. Maureen fait *de temps en temps / toujours* du jogging le dimanche matin. Ce n'est pas une grande sportive.

.... / 4

5   **Lisez l'affiche puis répondez aux questions en écrivant les nombres en toutes lettres.**

Cinéma d'art et d'essai
XXIᵉ Édition
Saison 2016
aujourd'hui
SANS TOIT NI LOI
1ʳᵉ séance : 18 h 30
2ᵉ séance : 19 h 50
Débat : 21 h 15-22 h
Plein tarif : 4,80 €
Abonnement annuel : 115 €
99 places assises

1. C'est quelle édition du Festival ?
   ....
2. En quelle année elle a lieu ?
   ....
3. À quelle heure commence la 1ʳᵉ séance ?
   ....
4. À quelle heure commence la 2ᵉ séance ?
   ....
5. De quelle heure à quelle heure a lieu le débat ?
   ....
6. Combien coûte le billet ?
   ....
7. Combien coûte l'abonnement ?
   ....
8. Combien de places assises il y a ?
   ....

.... / 8

6   🎧 **CD•107 Écoutez la description de Lola et complétez avec les mots qui manquent. Attention aux accords !**

Lola est lycéenne, comme moi. Elle a les (1) .... longs, châtains et ondulés et elle porte souvent une (2) ....
Ses (3) .... sont bleus comme la mer.
Son (4) ...., un peu (5) ....,
et ses (6) .... lui donnent un air sympathique. Elle est aussi très sportive : elle aime faire de la (7) .... et elle joue au (8) .... Le dimanche, elle fait du (9) .... avec la troupe du lycée. Elle adore ça ! De temps en temps, elle joue aux (10) .... avec son père. Par contre, elle déteste (11) .... et faire du (12) .... avec sa mère.

.... / 12

7 Complétez avec les prépositions de lieu de la liste. Attention: il y a des intrus !

au-dessus • devant • derrière • dans • chez • sur • contre • entre • parmi

J'habite un petit immeuble .... le lycée et le théâtre, ... le 20ᵉ arrondissement. Mon appartement est situé .... d'un cinéma et donne .... un jardin. Je sors et le métro est juste .... chez moi. C'est très pratique, ... moi !

.... / 6

8 Répondez en utilisant le féminin.

1. Jean est roux. Et sa sœur ?
2. Son fils est toujours très actif. Et sa fille ?
3. Le chien de Sophie est vieux. Et sa chienne ?
4. M. Goudin est jaloux. Et madame Goudin ?
5. Christos est grec. Et Daphné ?

.... / 5

9 Complétez avec l'article contracté.

1. Étienne joue .... tennis le samedi.
2. Bérénice est une élève .... lycée.
3. Je cherche l'adresse .... copine de Laure.
4. Cécile et Louis passent souvent leurs vacances .... étranger.
5. Les enfants jouent .... jeux vidéo.

.... / 5

10 Remettez dans le bon ordre les mots pour former des questions.

1. de / as ? / est-ce / tu / que / Combien / sœurs
2. moi ?/ venez / Pourquoi / ne / chez /vous / pas
3. est-ce / Comment / est ? / il / qu'
4. étudiants ? / tarifs / pour / les / Quels / les / sont
5. son / Quand / qu'il / natation ? / commence / cours / est-ce / de

.... / 5

11 Complétez avec les deux formes des pronoms personnels sujets ou toniques.

1. ...., je suis historien. .... aime étudier.
2. ...., il est journaliste. .... a l'air curieux.
3. ...., ils sont retraités. .... ont les cheveux blancs.

.... / 6

12 Récrivez les phrases en remplaçant les éléments soulignés par un pronom COD.

1. Nous adorons ton frère.
2. Je n'aime pas Jean-Charles.
3. Il ne supporte pas ces chansons.
4. Elle préfère sa tante Anne.
5. Et vous, vous aimez mieux ce livre ?
6. Tu accompagnes Jean à la piscine ?

.... / 6

13 Complétez le texte avec *c'est, ce sont, il y a, il est, ils sont.*

Paulette va au lycée Victor Hugo. (**1**) .... un lycée historique du centre-ville. (**2**) .... situé derrière la cathédrale, dans le vieux quartier de l'Horloge. Dans ce lycée, (**3**) .... un ordinateur dans chaque salle de classe. Dans la classe de Paulette, (**4**) .... douze garçons et onze filles. (**5**) .... sympas mais souvent bruyants. (**6**) .... des enfants de quinze ans, que voulez-vous ?

.... / 6

14 Choisissez la forme correcte du verbe.

1. geler : En hiver, il *gèle / gele.*
2. épeler : Vous *épelez / épellez* votre nom ?
3. compléter : Je *compléte / complète* le formulaire avec mon adresse électronique.
4. acheter : Nous *achètons / achetons* le journal tous les jours.
5. rappeler : Ils *rappellent / rappelent* ce soir.
6. projeter : Tu *projètes / projettes* déjà tes vacances ?

.... / 6

15 Conjuguez les verbes au présent de l'indicatif.

Le matin, je (**1**) .... (*se réveiller*) à 7 heures. Je (**2**) .... (*se lever*) à 7 heures 10 et je (**3**) .... (*prendre*) mon café. Les enfants (**4**)........... (*se préparer*) pour aller à l'école. C'est mon mari qui les (**5**) .... (*emmener*) : ils (**6**) .... (*prendre*) le métro. Je (**7**) .... (*finir*) mon travail à 15 heures 30 et je (**8**) .... (*aller*) chercher les enfants. Ils (**9**) .... (*jouer*) un peu, puis ils (**10**) .... (*finir*) leurs devoirs. À 8 heures, on (**11**) .... (*dîner*) et on (**12**) .... (*se coucher*) vers 22 heures. Le dimanche, nous (**13**) .... (*faire*) une promenade ou nous (**14**) .... (*se réunir*) chez nos voisins.

.... / 14

TOTAL .... / 100

Où faire ses courses ?

1 🎧 CD•108 **Écoutez Fanny qui parle de son village et cochez les noms des lieux que vous entendez.**

2 **Remettez les repliques du dialogue dans le bon ordre.**

a. ☐ Très bien, et avec ça ?

b. ☐ Une livre, ça suffit.

c. ☐ Donnez-moi aussi un citron et une barquette de framboises.

d. ☐ Ça fait 9 euros 50.

e. ☐ Ce sera tout ?

f. ☐ Oui. Combien je vous dois ?

g. ☐ Combien vous en voulez ?

h. ☐ Je voudrais des cerises.

i. ☐ Et voilà votre monnaie. Au revoir madame.

j. ☐ Bonjour madame, vous désirez ?

k. ☐ Voilà, monsieur.

Découvrez et dégustez !

3 🎧 CD•109 **Écoutez et cochez les bonnes réponses.**

1. Quels ingrédients il faut pour préparer la recette ?

☐ pommes
☐ lait
☐ sucre
☐ crème fraîche
☐ poires
☐ beurre
☐ œufs
☐ pâte feuilletée
☐ sel
☐ huile

2. De quel plat il s'agit ?

☐ un dessert
☐ une entrée
☐ un plat de résistance

3. Quel est son nom ?

☐ tarte Tatin
☐ tarte Dandin
☐ tarte Satin

4 Écoutez de nouveau et complétez la recette avec les verbes de la liste.

recouvrez • servez • pelez • préparez • coupez • placez • faites •
attendez • rangez • réalisez • coupez • laissez

Phases de préparation
• (1) .... tous les ingrédients.
• Dans un moule, (2) .... un caramel blond avec le sucre et le beurre, directement sur la flamme.
• (3) .... les pommes.
• (4) ....-les en deux, puis (5) .... chaque demi-pomme en trois.
• (6) .... les pommes au fond du moule.

• (7) .... le moule sur le feu et (8) .... cuire les pommes une dizaine de minutes dans le caramel.
(9) .... le moule de pâte feuilletée.
(10) .... cuire 30 minutes à four chaud (180°C).
• Au terme de la cuisson, (11) .... 20 minutes et puis (12) .... la tarte Tatin dans le plat de service en la retournant d'un seul coup.

MOTS ET EXPRESSIONS

5 Complétez la liste des ingrédients avec les mots ci-dessous.

canette • bouteille • morceau • sachet • paquet • pot • tablette • douzaine • boîte • pincée

Un (1) .... de confiture, un (2) .... de biscuits, une (3) .... de sel, un (4) ....
de sucre, une (5) .... de chocolat, une (6) .... de coca, un (7) .... de levure, une
(8) .... de conserve, une (9) .... d'eau, une (10) .... d'œufs.

6 🎧 CD•110 **Qui mange quoi ? Écoutez Alice (A) et Chloé (C) qui parlent de leurs habitudes alimentaires, puis associez les aliments des images à la bonne personne.**

a.

b.

c.

d.

e.

f.

g.

h.

i.

7 🎧 CD•111 **Écoutez Sophie et cochez les aliments qu'elle achète au supermarché.**

1. ☐ six litres de lait
2. ☐ deux canettes de coca
3. ☐ trois boîtes de tomates
4. ☐ cinq tablettes de chocolat
5. ☐ une douzaine d'œufs
6. ☐ un kilo de farine
7. ☐ du fromage
8. ☐ deux pots de confiture
9. ☐ deux oignons
10. ☐ six bouteilles d'eau
11. ☐ une barquette de fraises
12. ☐ un pot de miel

▶ **Les articles partitifs**

8 **Choisissez l'article partitif qui convient.**

1. Je mange *de la / du / d'* viande tous les jours.
2. Je voudrais *des / du / de la* farine.
3. Il mange *du / d' / de* pain au petit-déjeuner.
4. Il boit *de la / du / d'* café au lait le matin.
5. Vous désirez *de la / de l' / des* eau ?
6. Il faut *de la / du / des* œufs pour faire ce gâteau aux pommes ?

9 **Transformez les phrases à la forme négative.**

1. Nous avons du pain pour le dîner.

   ....

2. Vous avez de l'eau minérale ?

   ....

3. Tu veux du jus de fruits ?

   ....

4. Ils achètent des biscottes pour le petit-déjeuner.

   ....

10 **Complétez avec l'article partitif ou avec *de*.**

Qu'est-ce qu'il y a dans le placard de Sophie ?
Il y a (**1**) .... spaghettis, beaucoup
(**2**) .... boîtes de tomates, un kilo (**3**) ....
farine, trois canettes (**4**) .... coca, (**5**) ....
pain complet, un pot (**6**) .... miel mais il n'y
a pas (**7**) .... confiture. Il y a encore
(**8**) .... mayonnaise mais il n'y a plus
(**9**) .... moutarde. Et la bouteille là-bas, c'est
(**10**) .... huile ? Ah, non, c'est (**11**) ....
vinaigre.

Le pronom *en* (la quantité)

11 **Choisissez la réponse appropriée.**

1. Tu achètes beaucoup de livres ?
   a. ☐ Oui, je les achète au marché du livre.
   b. ☐ Oui, j'en achète 4 par mois.
   c. ☐ Oui, je l'achète souvent.

2. Vous mettez combien de sucre dans votre café ?
   a. ☐ J'en mets beaucoup.
   b. ☐ Je le mets à 13h.
   c. ☐ Je le mets le soir.

3. Vous désirez un poulet rôti ?
   a. ☐ Oui, je le voudrais, s'il vous plaît.
   b. ☐ Oui, j'en voudrais un, s'il vous plaît.
   c. ☐ Oui, je les voudrais, s'il vous plaît.

4. Vous achetez combien de poires ?
   a. ☐ J'en achète 3 kilos.
   b. ☐ Je les achète 3 kilos.
   c. ☐ Je les achète au marché.

12 **Récrivez les phrases suivantes en remplaçant les éléments soulignés par *en*.**

1. Elle mange une <u>pomme</u>.
2. Prends <u>des biscuits</u> !
3. Prépare <u>du couscous</u> !
4. Combien <u>de farine</u> il faut ?
5. Je dois acheter <u>des croissants</u>.
6. Elle prend trop <u>de médicaments</u>.

▶ *Très* ou *beaucoup* ?

13 **Complétez avec *très*, *beaucoup* ou *beaucoup de*.**

1. C'est une .... bonne cuisinière, elle sait faire .... gâteaux.
2. Elle s'entraîne .... pour la prochaine compétition de natation.
3. Il parle .... lentement, je le comprends .... bien.
4. À Ajaccio, le climat est souvent .... chaud, il y a toujours .... soleil.
5. Je mange .... fruits : c'est .... bon pour la santé !
6. Cette dame est .... élégante, elle a .... charme.
7. Jean travaille .... cette année. Il est .... fatigué.

▶ **La phrase négative (2)**

14 **Complétez les phrases. Plusieurs solutions sont parfois possibles.**

1. Elle ne va .... (*rien / plus / pas*) à la piscine en semaine.
2. Mon père ne cuisine .... (*plus / jamais / rien*). Il est nul en cuisine.
3. Ce ne sont .... (*jamais des / pas des / pas d'*) œufs frais.
4. Je n'achète .... (*plus des / rien / jamais de*) biscuits.
5. Martine ne fait .... (*jamais / plus / rien*) le dimanche après-midi.

15 **Transformez les phrases à la forme négative.**

1. Je dois encore suivre un régime.

....

2. Vous prenez quelque chose ?

....

3. Je veux encore du pain.

....

4. Sophie mange tout.

....

5. Pierre joue toujours au foot.

....

6. Dans la crème caramel, il y a du beurre.

....

▶ *C'est / Il est* (2)

16 **Certaines phrases ne sont pas correctes. Trouvez-les et récrivez-les correctement.**

1. C'est très bon, mon sandwich !
2. Il est possible !
3. Il est français.
4. C'est fatigué, le soir.
5. Il est plutôt salé, mon poisson.
6. C'est facile de se tromper.

17 **Complétez avec *c'est* ou avec *il est, elle est, ils sont, elles sont*.**

1. .... très beau, le dernier film de Tarantino.
2. .... trop cuites, ces pâtes.
3. Ces touristes ? .... mexicains.
4. Tu vois le garçon là-bas ? .... très mignon.
5. Son amie ? .... vraiment sympa.
6. .... incroyable, ce que tu dis.

▶ L'impératif

18 **Récrivez la recette en utilisant l'impératif.**

1. Mixer les olives, les câpres et les filets d'anchois préalablement nettoyés.

....

2. Ajouter le citron au mélange.

....

3. Ajouter un peu d'huile et mélanger pour obtenir une crème.

....

4. Servir sur des tranches de pain ou des toasts grillés.

....

19 **Transformez à l'impératif négatif.**

1. Va à la piscine !
2. Aidez-moi !
3. Ouvrez vos livres !
4. Dépêche-toi !
5. Manges-en !
6. Fais du ski !

▶ *Il faut*

20 **Associez les éléments des deux colonnes pour obtenir des phrases correctes.**

1. Il me faut	respecter les règles.
2. Il ne faut pas	de la farine.
3. Il faut	de beurre.
	arriver en retard.
	trois œufs.
	se lever trop tard.

▶ Les verbes *devoir, pouvoir, savoir, vouloir*

21 **Conjuguez au présent de l'indicatif les verbes entre parenthèses.**

1. Nous .... (*pouvoir*).
2. Ils .... (*vouloir*).
3. Elles .... (*savoir*).
4. Je .... (*devoir*).
5. Vous .... (*vouloir*).
6. Elle .... (*savoir*).
7. Tu .... (*pouvoir*).
8. Nous .... (*devoir*).

22 **Traduction. Traduisez dans votre langue.**

1. Il faut manger beaucoup de fruits.
2. Il faut trois œufs, et un demi-litre de lait. J'ai besoin aussi d'une tablette de chocolat.
3. Il faut toujours acheter du poisson très frais.
4. Il faut aller à la boulangerie, il n'y a plus de pain et j'ai faim.
5. Il ne faut jamais boire trop de café.
6. Il n'est pas nécessaire d'acheter de la viande. Il y en a assez dans le frigo.

Au restaurant : commander et commenter

23 CD•112 **Les Leclerc au restaurant. Écoutez le dialogue et répondez aux questions.**

1. M. Leclerc a réservé une table pour combien de personnes ?
2. Où se trouve la table ?
3. Quel menu choisit Mme Leclerc ?
4. Est-ce qu'elle prend de la tarte aux pommes comme dessert ?
5. M. Leclerc choisit un menu à 24 euros ?
6. Est-ce qu'il prend une omelette ?
7. Est-ce qu'il aime les pommes ?

24 **Au restaurant. Trouvez au moins deux expressions différentes pour chaque situation.**

1. Prendre la commande.
   a. .... b. ....
2. Demander des informations sur les plats.
   a. .... b. ....
3. Commander.
   a. .... b. ....
4. Apprécier un plat.
   a. .... b. .... c. ....
5. Critiquer un plat.
   a. .... b. ....
6. Payer.
   a. .... b. ....

25 **Sophie, Annie, Pierre et Laura sont au restaurant. Lisez ce qu'ils aiment manger et les menus proposés, puis écrivez ce qu'ils commandent. Variez les formules.**

1. **Sophie** n'aime pas beaucoup la viande, mais elle adore le poisson. Elle aime beaucoup la vanille.
2. **Annie** est végétarienne, elle ne mange ni viande ni poisson. Elle aime les fruits et les légumes.
3. **Pierre** adore la viande et les pommes de terre. Il déteste les fruits, mais il adore la glace.
4. **Laura** n'aime pas les soupes, mais elle aime les pâtes. Elle adore le chocolat.

Plats

Saumon grillé
Spaghettis sauce tomate
Assiette de crudités
Steak frites

Desserts

Fraises nature
Crème vanillée
Gâteau au chocolat
Glace au citron

Inviter et répondre à une invitation

26 Complétez les mini-dialogues en acceptant (+) ou en refusant (−) les invitations.

A Je vous invite à dîner chez nous demain soir. Je vous attends à 8 heures.
B (+) ....

A Ça te dirait d'aller manger une pizza avec les copains du foot, dimanche prochain ?
B (−) ....

A Tu veux venir chez moi, cet après-midi ?
B (−) ....

A Vous avez envie de participer à la conférence de M. Rouault ?
B (+) ....

27 Entre amies. Écrivez les messages en suivant les indications.

A Nathalie envoie un message à ses amies et leur propose d'aller voir le dernier film de Johnny Depp au cinéma Saturne samedi soir à 20 h.
B Louise répond que c'est une bonne idée, qu'elle aime Johnny Depp, et qu'elle a envie d'aller voir son dernier film.
C Julie répond qu'elle ne peut pas, le samedi elle a un cours de natation jusqu'à 21 h, et elle propose d'y aller à 22 h.
A Nathalie répond que cela lui convient.
B Louise répond que cela lui convient aussi, et donne rendez-vous à 22 h devant le cinéma.

28 Lisez le texte et répondez à l'invitation de Christelle en écrivant votre recette.

 Le blog « Les grands chefs » de Christelle Loti vous invite à participer à une compétition culinaire : un plat typique de votre pays pour chaque jour de la semaine.

Moi, j'accepte l'invitation et le défi, et je vous propose le plat du lundi :

Tarte aux fraises
Pour 6 personnes

- 500 grammes de fraises
- 1 pot de confiture
- 150 grammes de sucre
- 250 grammes de farine
- 125 grammes de beurre
- 1 œuf
- 1 pincée de sel

Préparez la pâte : travaillez le sucre et l'œuf dans une terrine avec le sel. Ajoutez la farine, incorporez le beurre. Laissez reposer la pâte.
Recouvrez le moule de pâte et mettez à cuire au four. Retirez après 30 minutes.
Lavez les fraises.
Mettez la confiture sur le fond de la tarte et disposez les fraises dessus.

29   CD•113 Dictée. Écoutez et écrivez l'invitation à ce concours culinaire.

6

JE DÉCOUVRE

Tout le monde s'amuse

1 **Lisez le texte et répondez aux questions.**

Paris. Que faire le week-end du 30, 31 mai et 1er juin ?

Ce week-end, il y a de quoi se faire plaisir à Paris. Jardins, Roland-Garros, festivals, restos et bars sympas vous attendent !

CÔTÉ ART ET CULTURE
- Un tour à Versailles ce week-end ? Allez donc découvrir la magnifique exposition intitulée l'**Art Chinois à Versailles**. Des porcelaines exceptionnelles sont à admirer.
- N'oubliez pas non plus la nouvelle édition de **Monumenta**.

CÔTÉ SCÈNE
- **Don Quichotte** de José Montalvo se joue jusqu'à vendredi au Théâtre Chaillot. Découvrez *Lucrèce Borgia* à la Comédie-Française, une pièce très réussie. Le **Festival Onze Bouge** revient dans le 11e arrondissement : arts de la rue, danse, théâtre et musique se mêlent en un seul spectacle.
- Pendant tout le mois de juin, Versailles organise la 19e édition du festival intitulé **Le Mois Molière** : des spectacles de

cirque, de théâtre, de danse et de musique vont animer toute la ville. Allez donc y faire un tour.
- La Villette vous propose un nouveau rendez-vous ! Baptisé **Villette Street Festival**, cet évènement réunit musique, street art, danse, mode du 30 mai au 1er juin.

CÔTÉ BARS ET RESTAURANTS
- Le **Bon appetit – Street Food Festival !** débarque à Paris dès ce samedi. Au menu ? Des burgers à la française, des bagels et d'autres délices pour se régaler.
- Parmi les terrasses à découvrir, le **Mini Palais** et son espace de 300 m² propose une carte de thés très riche et raffinée.

CÔTÉ LOISIRS
- Ce week-end, il ne faut pas manquer les **Rendez-vous aux**

Jardins, cet évènement qui ouvre les plus beaux jardins de France et donc de la capitale.
- On continue avec **Roland-Garros**. Pour les spectateurs munis de tickets, rendez-vous Porte d'Auteuil ; les autres peuvent suivre le tournoi de tennis au pied de la Tour Eiffel devant l'écran géant.
- Et si on faisait une balade à vélo ? Participez à la **Convergence** et roulez tout droit vers l'Esplanade des Invalides pour un pique-nique convivial.
- Pensez aussi aux parcs d'attractions et notamment à la **Foire du Trône** qui tient ses derniers jours. Alors, très bon week-end à tous et à toutes !

1. Quelles pièces on peut voir ce week-end à Paris ?
2. Quels loisirs en plein air sont proposés ?
3. Qu'offre Versailles ce week-end ?
4. Où est-ce qu'on peut aller boire quelque chose ?
5. À quelle manifestation sportive peuvent assister les amoureux de tennis ?
6. Quelles activités peut choisir une famille avec des enfants ?

2 🎧 **CD•114 Écoutez le dialogue et indiquez si Salwa a déjà fait ou si elle n'a pas encore fait les activités suivantes.**

	FAIT	PAS FAIT
1. dîner avec des amis	☐	☐
2. concert du pianiste Maalouf	☐	☐
3. théâtre	☐	☐
4. festival de cinéma	☐	☐
5. festival biennal de littérature	☐	☐
6. conférence sur Albert Camus	☐	☐

Les ados au quotidien

3 Lisez le texte et répondez aux questions.

Le look BCBG (Bon Chic Bon Genre) est sobre et classique. Les femmes portent généralement une jupe droite ou plissée avec un chemisier ou une robe noire, un collier de perles, un serre-tête, des ballerines ou des escarpins. Les hommes portent souvent un costume et une cravate ou un polo, un pantalon ou un jean et des tennis. Les personnes BCBG s'habillent avec des marques prestigieuses.

Le look bobo (Bourgeois Bohème) est un style hippie chic. Les personnes bobos portent des vêtements de marque avec un côté écolo négligé. Elles donnent l'impression de s'habiller à la va-vite mais leur style est plutôt travaillé. Elles aiment les vêtements amples et originaux, les foulards et les chapeaux. Leurs cheveux sont légèrement décoiffés.

Le look gothique se caractérise par des habits noirs, du maquillage noir autour des yeux, du fond de teint très clair et du rouge à lèvres noir de temps en temps. Les gothiques recherchent la provocation surtout avec des accessoires comme des colliers avec des piques, des tatouages ou des piercings, et font souvent des trous dans leurs vêtements.

Le look casual est décontracté. On porte des vêtements et des chaussures de sport et, pour être plus sophistiqué, des accessoires comme un foulard ou une écharpe. Pour rester sobre et chic en même temps, il faut choisir des teintes comme le gris, le kaki, le bleu marine.

1. Pour avoir quels looks on porte des chaussures de sport ?
2. Qui porte des vêtements de marque ?
3. Qui s'habille seulement en noir ?
4. Quels sont les accessoires des différents looks ?

4 🎧 CD•115 Écoutez et indiquez le style de chaque personne.

Marc : ....
Denis : ....
Hélène : ....
Chloé : ....

M O T S   E T   E X P R E S S I O N S

5 🎧 CD•116 Écoutez et complétez l'arbre généalogique de Philippe.

Sarah • Madame Ménard • Henri • Betty • Yolande • Monsieur Ménard •
~~Philippe~~ • Kevin • Arlette • Bruno

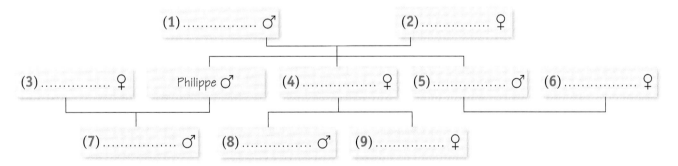

(1) .... ♂   (2) .... ♀

(3) .... ♀   Philippe ♂   (4) .... ♀   (5) .... ♂   (6) .... ♀

(7) .... ♂   (8) .... ♂   (9) .... ♀

6 Écrivez le nom du vêtement ou de l'accessoire correspondant à chaque définition.

1. On en met un pour aller à la plage. C'est ....
2. On la met pour protéger sa tête et ses yeux du soleil. C'est ....
3. Un ensemble formé de deux pièces pour les femmes. C'est ....
4. Les hommes la mettent autour de leur col de chemise. C'est ....
5. Elle peut être mini. C'est ....
6. Les accessoires en or ou en argent que les femmes aiment porter. Ce sont ....

▶ **Les adjectifs démonstratifs**

7 **Complétez avec les adjectifs démonstratifs.**

1. C'est un cirque qui parcourt toute la France pendant l'été. .... cirque existe depuis 70 ans.
2. La nouvelle pièce du Théâtre de la Colline est formidable. .... pièce est un classique de la littérature française.
3. Je suis allée voir des artistes de rue à Chalon-sur-Saône. .... artistes sont impressionnants.
4. Vous êtes déjà allés à l'Opéra de Lyon ? .... opéra est très beau.
5. Le flamenco est une danse espagnole. Les Espagnols vont dans des bars pour voir .... danse.
6. À Paris, on peut dormir à l'hôtel de la Place du Louvre. .... hôtel est situé à côté du musée.

8 **Remplacez les articles définis par les adjectifs démonstratifs appropriés.**

0. Le pull rouge est à Martine. →
   Ce pull rouge est à Martine.
1. Le sac rouge est magnifique.
2. J'aime bien les montres.
3. La jupe est large.
4. L'anorak est pour toi.
5. L'écharpe est grise et verte.
6. Je déteste les escarpins.
7. Tu me passes le pantalon ?
8. La casquette est à Véronique.

▶ **La formation du féminin (4)**

9 **Transformez au féminin les adjectifs entre parenthèses.**

1. La .... (*dernier*) page.
2. Une personne .... (*observateur*)
3. Une idée .... (*trompeur*)
4. Ma .... (*premier*) pièce.
5. La .... (*meilleur*) solution.
6. La porte .... (*extérieur*)
7. Une vie .... (*régulier*)
8. Une dame .... (*flatteur*)

10 **Transformez au féminin.**

0. C'est un collectionneur de tableaux. →
   C'est une collectionneuse de tableaux.
1. C'est un grand menteur !
2. Le directeur de l'entreprise est M. Leroux.
3. Cet acteur est formidable !
4. J'aime beaucoup ces danseurs.
5. Ce voyageur a l'air fatigué.
6. Les ouvriers de Renault sont en grève.

▶ **Le pronom indéfini *on***

11 **Récrivez les phrases en utilisant le pronom *on*.**

0. Ce soir, nous allons au cinéma. →
   Ce soir, on va au cinéma.
1. Nous sommes tous d'accord.
   ....
2. Dans ce magasin, les personnes parlent anglais.
   ....
3. Regarde ! Quelqu'un t'a envoyé une lettre.
   ....
4. Dans ce village, les gens aiment danser.
   ....
5. Quelqu'un a oublié de fermer la fenêtre.
   ....
6. Quand il neige, nous allons skier.
   ....

▶ **Le futur proche**

12 **Conjuguez les verbes entre parenthèses au *futur proche*.**

0. Cet hiver Alain *va faire* (*faire*) une exposition pendant le « mois de la photo ».
1. Cet été, je .... (*ne pas partir*) en vacances avec mes amis. Je .... (*rester*) chez moi.
2. Demain, nous .... (*voir*) le nouveau spectacle de cet artiste.
3. Est-ce que vous ....(*aller*) au Festival de cinéma de Marrakech cette année ?
4. Quand est-ce qu'elle .... (*acheter*) les billets pour le théâtre ?
5. Vous .... (*sortir*) ? On a réservé le restaurant pour 20 h 30.
6. Tu .... (*préparer*) un gâteau pour ce soir ? C'est l'anniversaire de Sophie.

6

▶ Le passé composé

13 **Complétez le tableau ci-dessous.**

infinitif	participe passé
1. être	....
2.	parlé
3. prendre	....
4.	lu
5. faire	....
6.	voulu
7. finir	....
8.	vu
9. avoir	....
10.	venu

14 **Complétez les phrases avec *être* ou *avoir*.**

1. Ils .... visité le Musée d'Art Moderne.
2. Hier soir, nous .... allés au théâtre.
3. Ma mère .... acheté une jupe noire.
4. Elles se .... rencontrées devant le cinéma.
5. Nous .... fait une longue promenade.
6. Longtemps, je me .... couchée de bonne heure.
7. Vous .... venus en bus ?
8. Elle .... beaucoup aimé ce spectacle.

15 **Conjuguez les verbes au passé composé.**

– Qu'est-ce que vous (**1**) .... (*faire*) ce week-end ? Vous (**2**) .... (*aller*) à la plage ?
– Non, nous (**3**) .... (*rester*) en ville. Nous (**4**) .... (*aller*) au parc d'attractions avec les enfants et le soir nous (**5**) .... (*inviter*) des amis à la maison pour le dîner. Dimanche, ma femme (**6**) .... (*visiter*) le Musée Picasso et avec les enfants. Nous (**7**) .... (*voir*) un beau film au cinéma.

16 **Transformez le texte au passé composé.**

Le dimanche chez les Berteaux
Madame Berteaux se lève tôt. Elle va se promener avec son chien Bobby. Puis elle rentre chez elle pour préparer le petit déjeuner. Son mari Paul prend une douche, s'habille et déguste son café avec du pain grillé ; puis il fait du vélo avec ses collègues. Les enfants dorment jusqu'à dix heures, puis ils prennent leur petit-déjeuner et partent faire du sport en plein air. L'après-midi, madame Berteaux et son mari restent à la maison : Paul regarde la télé et sa femme lit le journal. Les enfants vont au cinéma avec leurs amis. Le soir, après le dîner, ils écoutent de la musique. Ils se couchent à onze heures.

▶ Les verbes du premier groupe en *-yer*

17 **Soulignez la forme verbale correcte (attention : parfois les deux sont possibles).**

0. Nous <u>voyons</u> / *voions* la mer de notre fenêtre.
1. Elles *essayent* / *essaient* les robes de leurs amies.
2. Entre collègues on se *tutoie* / *tutoye*.
3. Vous *appuyez* / *appuiez* sur le bouton pour ouvrir la porte.
4. Je t'*envoie* / *envoye* ce mél.
5. Tu *paies* / *payes* toujours pour tous.
6. Mes amis s'*ennuyent* / *ennuient* toujours aux concerts.

▶ Les verbes *voir* et *sortir*

18 **Complétez les phrases avec le présent des verbes *sortir*, *partir*, *servir*, *sentir*, *voir*.**

1. Vous .... le dessert aux invités.
2. Ils .... un parfum de fleurs.
3. Ma mère .... en France.
4. Tu ne .... pas bien sans tes lunettes.
5. Je .... à dix heures du théâtre.
6. Nous .... nos amis ce soir chez Louis.

19 **Transformez au passé composé les phrases de l'exercice précédent.**

20 Traduction. **Traduisez dans votre langue.**

1. L'année dernière, Sophie est allée à Londres pour participer à un festival de musique pop.
2. Dans deux jours, je vais au théâtre avec mon amie.
3. Hier, j'ai vu le dernier film de Tarantino mais je ne me suis pas amusée.
4. Nous n'avons pas réussi à réserver la visite guidée du musée.
5. Il y a trois jours, ma sœur a acheté une tenue de soirée pour la fête du lycée.
6. La directrice a beaucoup apprécié ton article.

Décrire une tenue

21 🎧 **CD•117** Observez l'album photo de la famille de Marc, écoutez les descriptions et écrivez sous les photos le nom de chaque personne et son lien de parenté avec Marc.

....

....
....

22 Cherchez des photos de votre famille, puis indiquez le lien de parenté des personnes qui sont sur les photos et décrivez leurs vêtements.

23 Quels vêtements vous mettez dans votre valise quand...

1. vous partez à la mer ? ....
2. vous allez à la montagne en hiver ? ....
3. vous partez en voyage scolaire pour visiter une ville ? ....

24 Décrivez la tenue de ces deux personnages.

....
....
....
....
....
....
....
....
....
....
....

Écrire un message amical

25
DELF Lisez le mail que Marc écrit de Strasbourg à son ami Paul à Paris. Choisissez parmi les activités proposées, puis écrivez la réponse de Paul.

```
○○○                    Nouveau message
À : Paul (paulthierry@gmail.com)
Cc :
Objet : Journées du patrimoine
De : Marc (rochard.marc@hotmail.fr)
```

Coucou !

Aujourd'hui, je me suis réveillé tôt pour participer au circuit à vélo dans le quartier de la Petite France et à la promenade dans les jardins d'Alsace. Je me suis beaucoup amusé. Cet après-midi, je vais à la visite insolite de la cathédrale. C'est un parcours guidé dans les parties de l'édifice habituellement fermées au public. Je suis sûr que je vais aimer la visite parce que j'adore les mystères.

Et toi, tu vas aussi profiter des journées du patrimoine ?

À bientôt.
Marc

ACTIVITES PROPOSÉES :

HÔTEL CHÂLON-LUXEMBOURG
26 rue Geoffroy-l'Asnier - 75004 Paris Métro Pont-Marie (7), Saint-Paul (1) 01 48 87 74 31 (Association Paris historique) Ouverture exceptionnelle. Visite commentée de l'hôtel, construit au XVIIe siècle entre cour et jardin. *Ouverture* : samedi-dimanche 14 h-18 h

HÔTEL DE COULANGE - MAISON DE L'EUROPE
35-37 rue des Francs-Bourgeois - 75004 Paris Métro Saint-Paul (4), Rambuteau (11) 01 44 61 85 85 - www.mouvement-europeen.eu Concerts en plein-air (groupe de choristes italiennes…), expositions culturelles et pédagogiques sur l'Europe (exposition sur le Parlement européen, photographique…), animations et informations générales sur l'Union européenne, le Conseil de l'Europe et l'UNESCO. *Ouverture* : samedi-dimanche 14 h-18 h

ABBAYE ROYALE DU VAL-DE-GRÂCE - ÉCOLE DU VAL-DE-GRÂCE 1 place Alphonse-Laveran - 75005 Paris 01 40 51 47 09 Visites guidées de l'ancienne abbaye royale du XVIIe siècle (cloître, jardins, église baroque) *Ouverture* : samedi-dimanche 10 h-18 h

26
DELF Écrivez une carte postale sur le modèle de la carte suivante.

Bordeaux, le 20 août

Salut Théo,
Me voilà arrivé à Bordeaux. Mon hôtel est à côté de la gare.
La ville est magnifique. J'ai déjà visité la cathédrale et demain, je vais aller à Arcachon.
À bientôt,
Nicholas

27 🎧 CD•118 **Dictée.** Écoutez et écrivez ce que Martine a fait récemment.

JE M'ÉVALUE

1 Complétez avec l'activité commerciale correspondante.

1. Dans mon village, il y a trois .... Ils vendent de très belles fleurs.
2. Je vais tous les jours à la .... pour acheter de la viande fraîche.
3. Nous allons dîner chez Maxim's ce soir. C'est un très bon ....
4. La .... de la place est excellente, il y a les meilleurs croissants du village.
5. Chaque matin, avant de prendre mon train, j'achète *Le Monde* au .... de la gare.
6. Je dois envoyer une lettre et la .... ferme à 18 heures.
7. Manon va retirer de l'argent à la ....
8. Je préfère faire mes courses au .... Je trouve plus de produits que dans un magasin.

.... / 8

2 Associez les éléments des deux colonnes.

0. [a] La nièce et   a. son oncle.
1. [ ] Le père et   b. sa sœur.
2. [ ] La grand-mère et   c. son neveu.
3. [ ] Le frère et   d. sa fille.
4. [ ] La tante et   e. leurs enfants.
5. [ ] Les parents et   f. son petit-fils.

.... / 5

3 Écrivez le nom de ces vêtements.

1. ....
2. ....
3. ....
4. ....
5. ....
6. ....

.... / 6

4 Associez les éléments des deux colonnes.

1. [ ] Une canette de   a. confiture de cerises.
2. [ ] Un paquet de   b. jus de fruits.
3. [ ] Une boîte de   c. coca.
4. [ ] Un pot de   d. biscuits au chocolat.
5. [ ] Une bouteille de   e. tomates.

.... / 5

5 🎧 CD•119 Écoutez et complétez les mini-dialogues suivants.

Dialogue 1

Nathalie   Coucou les filles, (**1**) .... d'aller voir le dernier film de Woody Allen demain soir à 8 heures ?

Louise   (**2**) .... J'aime Woody Allen et j'ai envie d'aller voir son dernier film.

Julie   (**3**) .... pour demain soir à 8 heures. J'ai cours de natation jusqu'à 9 heures.

Dialogue 2

Le vendeur   Alors, un kilo de pommes, deux citrons et un melon : (**1**) .... 4 euros.

La cliente   Voilà 10 euros. (**2**) .... ?

Le vendeur   Bien sûr. Merci madame.

Dialogue 3

La vendeuse   Regardez ce pull. Il va très bien avec la jupe.

Le client   C'est vrai. Je prends le pull aussi. (**1**) .... ?

La vendeuse   80 euros. (**2**) .... ?

Le client   (**3**) ....

.... / 8

6 Complétez avec un article partitif ou avec *de*.

1. Je prends .... thé tous les soirs avant de me coucher.
2. Il ne faut pas .... huile dans ce plat.
3. Tu te trompes. Ce n'est pas .... confiture de framboises.
4. J'aimerais bien .... crème sur la tarte.
5. Il faut .... œufs pour préparer une omelette.
6. Je mets beaucoup .... sucre dans mon café.
7. J'ai acheté .... ail au marché.
8. Ce ne sont pas .... gâteaux trop sucrés.

.... / 8

7 Complétez avec un adjectif démonstratif.

1. .... artiste s'appelle Robin Séti.
2. .... film de science-fiction est très mauvais.
3. .... œuvre abstraite est étrange.
4. .... tableaux sont très beaux.
5. .... musiciennes jouent très bien.

.... / 5

8 **Transformez au féminin.**

1. C'est un grand acteur. ....
2. C'est un travailleur infatigable. ....
3. C'est un vrai menteur. ....
4. Il est supérieur. ....
5. C'est le meilleur. ....
6. C'est un ouvrier spécialisé. ....

.... / 6

9 *Très, beaucoup* ou *beaucoup de* ? **Complétez les phrases suivantes.**

1. Ce café est .... amer.
2. Dans ce menu, il y a .... desserts.
3. Il faut .... bien lire la consigne.
4. Martin voyage .... à l'étranger.
5. Juliette est .... bavarde.
6. J'ai .... aimé ce film.

.... / 6

10 **Récrivez les phrases en utilisant le pronom** *en.*

0. Tu écoutes de la musique ? *Tu en écoutes ?*
1. Vous voulez un café ?
2. Elle veut manger des frites.
3. Achète du pain !
4. Nous prenons beaucoup de fruits.
5. Ne prépare pas de tartes !

.... / 5

11 **Répondez en utilisant les pronoms** *le, la, les, en.*

1. Ils aiment les gâteaux au chocolat ?
2. Elle mange des biscuits ?
3. Vous détestez son look ?
4. Il écoute de la musique ?
5. Il préfère la musique pop ?
6. Il achète deux livres ?

.... / 6

12 **Complétez avec** *c'est, ce sont, il est, ils sont.*

Le nouveau supermarché, (**1**) .... un joli bâtiment, très moderne. (**2**) .... spacieux et lumineux. Faire mes courses, (**3**) .... pratique maintenant : le nouveau supermarché se trouve juste à côté de chez moi. Et si je prends la voiture, (**4**) .... facile de la garer parce qu'il y a un grand parking. Et puis les caissiers, (**5**) .... vraiment gentils, (**6**) .... des personnes disponibles. La politesse, pour moi, (**7**) .... important. (**8**) .... sûr, je vais toujours aller dans ce supermarché.

.... / 8

13 **Conjuguez les verbes entre parenthèses au futur proche.**

1. Ce week-end, nous .... (*sortir*) avec nos amis.
2. Dimanche prochain, je .... (*voir*) la nouvelle comédie de Jean-Luc.
3. Est-ce qu'ils .... (*aller*) au carnaval de Nice cette année ?
4. Tu .... (*partir*) en vacances au mois de juillet ?

.... / 4

14 **Transformez au passé composé.**

1. Le Festival d'Art Contemporain commence !
2. Nous venons regarder le match chez toi.
3. Elle préfère rester chez elle.
4. On choisit les meilleurs chanteurs.
5. Elles sont satisfaites de leur voyage.
6. Il ne faut pas partir tôt.
7. Ils se revoient après une longue séparation.
8. Je dois rester chez moi.

.... / 8

15 **Complétez avec les verbes à la deuxième personne du singulier de l'impératif.**

1. .... (*aller*) à la piscine une fois par semaine !
2. .... (*oublier*) le chocolat et les boissons sucrées !
3. .... (*prendre*) un petit-déjeuner copieux !
4. .... (*préférer*) les fruits aux pâtes !
5. .... (*ne pas boire*) d'alcool !
6. .... (*ne pas être*) paresseux !

.... / 6

16 **Conjuguez les verbes entre parenthèses.**

1. Vous .... (*pouvoir*, présent) acheter les billets ?
2. Je .... (*vouloir*, présent) inviter tous mes copains samedi prochain.
3. Ils .... (*sortir*, passé composé) très tard de la conférence.
4. Tu .... (*payer*, présent) par carte bancaire ou en espèces ?
5. Vous .... (*voir*, passé composé) le dernier film de Tirard ?
6. Tu .... (*envoyer*, présent) souvent des cartes postales à tes parents ?

.... / 6

TOTAL .... / 100

CONJUGAISONS

infinitif	présent	imparfait	passé composé	impératif
être	je suis tu es il est nous sommes vous êtes ils sont	j'étais tu étais il était nous étions vous étiez ils étaient	j'ai été tu as été il a été nous avons été vous avez été ils ont été	sois ! soyons ! soyez !
avoir	j'ai tu as il a nous avons vous avez ils ont	j'avais tu avais il avait nous avions vous aviez ils avaient	j'ai eu tu as eu il a eu nous avons eu vous avez eu ils ont eu	aie ! ayons ! ayez !
acheter *-eter*	j'achète tu achètes il achète nous achetons vous achet ils achètent	j'achetais tu achetais il achetait nous achetions vous achetiez ils achetaient	j'ai acheté tu as acheté il a acheté nous avons acheté vous avez acheté ils ont acheté	achète ! achetons ! achetez !
aller	je vais tu vas il va nous allons vous allez ils vont	j'allais tu allais il allait nous allions vous alliez ils allaient	je suis allé tu es allé il est allé nous sommes allés vous êtes allés ils sont allés	vas ! allons ! allez !
appeler *-eler*	j'appelle tu appelles il appelle nous appelons vous appelez ils appellent	j'appelais tu appelais il appelait nous appelions vous appeliez ils appelaient	j'ai appelé tu as appelé il a appelé nous avons appelé vous avez appelé ils ont appelé	appelle ! appelons ! appelez !
appuyer *-uyer*	j'appuie tu appuies il appuie nous appuyons vous appuyez ils appuient	j'appuyais tu appuyais il appuyait nous appuyions vous appuyiez ils appuyaient	j'ai appuyé tu as appuyé il a appuyé nous avons appuyé vous avez appuyé ils ont appuyé	appuie ! appuyons ! appuyez !
chanter	je chante tu chantes il chante nous chantons vous chantez ils chantent	je chantais tu chantais il chantait nous chantions vous chantiez ils chantaient	j'ai chanté tu as chanté il a chanté nous avons chanté vous avez chanté ils ont chanté	chante ! chantons ! chantez !
commencer *-cer*	je commence tu commences il commence nous commençons vous commencez ils commencent	je commençais tu commençais il commençait nous commencions vous commenciez ils commençaient	j'ai commencé tu as commencé il a commencé nous avons commencé vous avez commencé ils ont commencé	commence ! commençons ! commencez !
conduire *-uire*	je conduis tu conduis il conduit nous conduisons vous conduisez ils conduisent	je conduisais tu conduisais il conduisait nous conduisions vous conduisiez ils conduisaient	j'ai conduit tu as conduit il a conduit nous avons conduit vous avez conduit ils ont conduit	conduis ! conduisons ! conduisez !

infinitif	présent	imparfait	passé composé	impératif
connaître *-aître*	je connais tu connais il connaît nous connaissons vous connaissez ils connaissent	je connaissais tu connaissais il connaissait nous connaissions vous connaissiez ils connaissaient	j'ai connu tu as connu il a connu nous avons connu vous avez connu ils ont connu	connais ! connaissons ! connaissez !
craindre *-indre*	je crains tu crains il craint nous craignons vous craignez ils craignent	je craignais tu craignais il craignait nous craignions vous craigniez ils craignaient	j'ai craint tu as craint il a craint nous avons craint vous avez craint ils ont craint	crains ! craignons ! craignez !
devoir	je dois tu dois il doit nous devons vous devez ils doivent	je devais tu devais il devait nous devions vous deviez ils devaient	j'ai dû tu as dû il a dû nous avons dû vous avez dû ils ont dû	=== === ===
dire	je dis tu dis il dit nous disons vous dites ils disent	je disais tu disais il disait nous disions vous disiez ils disaient	j'ai dit tu as dit il a dit nous avons dit vous avez dit ils ont dit	dis ! disons ! dites !
écrire	j'écris tu écris il écrit nous écrivons vous écrivez ils écrivent	j'écrivais tu écrivais il écrivait nous écrivions vous écriviez ils écrivaient	j'ai écrit tu as écrit il a écrit nous avons écrit vous avez écrit ils ont écrit	écris ! écrivons ! écrivez !
espérer *-é_er*	j'espère tu espères il espère nous espérons vous espérez ils espèrent	j'espérais tu espérais il espérait nous espérions vous espériez ils espéraient	j'ai espéré tu as espéré il a espéré nous avons espéré vous avez espéré ils ont espéré	espère ! espérons ! espérez !
faire	je fais tu fais il fait nous faisons vous faites ils font	je faisais tu faisais il faisait nous faisions vous faisiez ils faisaient	j'ai fait tu as fait il a fait nous avons fait vous avez fait ils ont fait	fais ! faisons ! faites !
finir	je finis tu finis il finit nous finissons vous finissez ils finissent	je finissais tu finissais il finissait nous finissions vous finissiez ils finissaient	j'ai fini tu as fini il a fini nous avons fini vous avez fini ils ont fini	finis ! finissons ! finissez !
geler *-eler*	je gèle tu gèles il gèle nous gelons vous gelez ils gèlent	je gelais tu gelais il gelait nous gelions vous geliez ils gelaient	j'ai gelé tu as gelé il a gelé nous avons gelé vous avez gelé ils ont gelé	gèle ! gelons ! gelez !

infinitif	présent	imparfait	passé composé	impératif
s'habiller	je m'habille tu t'habilles il s'habille nous nous habillons vous vous habillez ils s'habillent	je m'habillais tu t'habillais il s'habillait nous nous habillions vous vous habilliez ils s'habillaient	je me suis habillé tu t'es habillé il s'est habillé nous nous sommes habillés vous vous êtes habillés ils se sont habillés	habille-toi ! habillons-nous ! habillez-vous !
jeter *-eter*	je jette tu jettes il jette nous jetons vous jetez ils jettent	je jetais tu jetais il jetait nous jetions vous jetiez ils jetaient	j'ai jeté tu as jeté il a jeté nous avons jeté vous avez jeté ils ont jeté	jette ! jetons ! jetez !
lire	je lis tu lis il lit nous lisons vous lisez ils lisent	je lisais tu lisais il lisait nous lisions vous lisiez ils lisaient	j'ai lu tu as lu il a lu nous avons lu vous avez lu ils ont lu	lis ! lisons ! lisez !
manger *-ger*	je mange tu manges il mange nous mangeons vous mangez ils mangent	je mangeais tu mangeais il mangeait nous mangions vous mangiez ils mangeaient	j'ai mangé tu as mangé il a mangé nous avons mangé vous avez mangé ils ont mangé	mange ! mangeons ! mangez !
mettre **et ses composés**	je mets tu mets il met nous mettons vous mettez ils mettent	je mettais tu mettais il mettait nous mettions vous mettiez ils mettaient	j'ai mis tu as mis il a mis nous avons mis vous avez mis ils ont mis	mets ! mettons ! mettez !
naître	je nais tu nais il naît nous naissons vous naissez ils naissent	je naissais tu naissais il naissait nous naissions vous naissiez ils naissaient	je suis né tu es né il est né nous sommes nés vous êtes nés ils sont nés	nais ! naissons ! naissez !
nettoyer *-oyer*	je nettoie tu nettoies il nettoie nous nettoyons vous nettoyez ils nettoient	je nettoyais tu nettoyais il nettoyait nous nettoyions vous nettoyiez ils nettoyaient	j'ai nettoyé tu as nettoyé il a nettoyé nous avons nettoyé vous avez nettoyé ils ont nettoyé	nettoie ! nettoyons ! nettoyez !
ouvrir offrir souffrir	j'ouvre tu ouvres il ouvre nous ouvrons vous ouvrez ils ouvrent	j'ouvrais tu ouvrais il ouvrait nous ouvrions vous ouvriez ils ouvraient	j'ai ouvert tu as ouvert il a ouvert nous avons ouvert vous avez ouvert ils ont ouvert	ouvre ! ouvrons ! ouvrez !
payer *-ayer*	je paie/paye tu paies/payes il paie/paye nous payons vous payez ils paient/payent	je payais tu payais il payait nous payions vous payiez ils payaient	j'ai payé tu as payé il a payé nous avons payé vous avez payé ils ont payé	paie/paye ! payons ! payez !

ANNEXES

infinitif	présent	imparfait	passé composé	impératif
peser *-e_er*	je pèse tu pèses il pèse nous pesons vous pesez ils pèsent	je pesais tu pesais il pesait nous pesions vous pesiez ils pesaient	j'ai pesé tu as pesé il a pesé nous avons pesé vous avez pesé ils ont pesé	pèse ! pesons ! pesez !
pouvoir	je peux tu peux il peut nous pouvons vous pouvez ils peuvent	je pouvais tu pouvais il pouvait nous pouvions vous pouviez ils pouvaient	j'ai pu tu as pu il a pu nous avons pu vous avez pu ils ont pu	=== === ===
prendre **et ses composés**	je prends tu prends il prend nous prenons vous prenez ils prennent	je prenais tu prenais il prenait nous prenions vous preniez ils prenaient	j'ai pris tu as pris il a pris nous avons pris vous avez pris ils ont pris	prends ! prenons ! prenez !
recevoir *-cevoir*	je reçois tu reçois il reçoit nous recevons vous recevez ils reçoivent	je recevais tu recevais il recevait nous recevions vous receviez ils recevaient	j'ai reçu tu as reçu il a reçu nous avons reçu vous avez reçu ils ont reçu	reçois ! recevons ! recevez !
répondre	je réponds tu réponds il répond nous répondons vous répondez ils répondent	je répondais tu répondais il répondait nous répondions vous répondiez ils répondaient	j'ai répondu tu as répondu il a répondu nous avons répondu vous avez répondu ils ont répondu	réponds ! répondons ! répondez !
savoir	je sais tu sais il sait nous savons vous savez ils savent	je savais tu savais il savait nous savions vous saviez ils savaient	j'ai su tu as su il a su nous avons su vous avez su ils ont su	sache ! sachons ! sachez !
sortir partir mentir sentir dormir servir	je sors tu sors il sort nous sortons vous sortez ils sortent	je sortais tu sortais il sortait nous sortions vous sortiez ils sortaient	je suis sorti tu es sorti il est sorti nous sommes sortis vous êtes sortis ils sont sortis	sors ! sortons ! sortez !
tenir **et ses composés**	je tiens tu tiens il tient nous tenons tous tenez ils tiennent	je tenais tu tenais il tenait nous tenions vous teniez ils tenaient	j'ai tenu tu as tenu il a tenu nous avons tenu vous avez tenu ils ont tenu	tiens ! tenons ! tenez !
vendre *-dre*	je vends tu vends il vend nous vendons vous vendez ils vendent	je vendais tu vendais il vendait nous vendions vous vendiez ils vendaient	j'ai vendu tu as vendu il a vendu nous avons vendu vous avez vendu ils ont vendu	vends ! vendons ! vendez !

infinitif	présent	imparfait	passé composé	impératif
venir **et ses** **composés**	je viens tu viens il vient nous venons vous venez ils viennent	je venais tu venais il venait nous venions vous veniez ils venaient	je suis venu tu es venu il est venu nous sommes venus vous êtes venus ils sont venus	viens ! venons ! venez !
voir	je vois tu vois il voit nous voyons vous voyez ils voient	je voyais tu voyais il voyait nous voyions vous voyiez ils voyaient	j'ai vu tu as vu il a vu nous avons vu vous avez vu ils ont vu	vois ! voyons ! voyez !
vouloir	je veux tu veux il veut nous voulons vous voulez ils veulent	je voulais tu voulais il voulait nous voulions vous vouliez ils voulaient	j'ai voulu tu as voulu il a voulu nous avons voulu vous avez voulu ils ont voulu	veuille ! voulons ! veuillez !